AF607046
AVERSO

LLENA PUES DE PALABRAS

Charo Tébar

Número 55 de la Colección **PERVERSA**

Llena pues de palabras

Edición al cuidado de Averso Poesía
www.aversopoesia.com

hola@aversopoesia.com

Primera edición: noviembre de 2025
ISBN: 979-13-990991-3-3
Depósito Legal: GR 1668-2025

Impreso en España - *Printed in Spain*

El papel utilizado para la impresión de este libro está calificado como papel ecológico y procede de bosques gestionados de manera sostenible.

LLENA PUES DE PALABRAS

Charo Tébar

«Llena, pues, de palabras mi locura
o déjame vivir en mi serena
noche del alma para siempre oscura».

Federico García Lorca

UN RÍO QUE LLEVO DENTRO

Lorca me fluye por las venas. No sé cómo ni por qué, pero es un río que llevo dentro. Tan dentro que he visto con el tiempo de qué manera recorre toda mi poesía, llena el caudal de mis versos. No he escrito ningún poemario en el que las palabras del poeta no estén en mi mente y en mi alma, salgan, afloren solas, como lo que forma parte de tu piel, de tu cuerpo. Por eso no concibo mi poesía sin él, sin sus obras. Es a él a quien he pedido en la noche oscura de mi alma que llene de palabras mi locura. La locura de querer ser poeta. Él no tenía ni que pedirlo, nació con la poesía bajo el brazo, como si fuera la mantilla de encaje con la que lo acunaron, la nana que le cantaron el día en que vino al mundo. Otros poetas hemos tenido que beber de él, inundarnos de sus aguas, porque la poesía ha ido creciendo poco a poco en nuestro interior con los años, no nos fue dada por nacimiento.

Este ser tan extraño y misterioso, tan alegre y tan profundamente triste, ha formado parte de mi vida desde siempre. Lo llevo en los romances que me recitó mi padre en la infancia y en las coplas que me cantaba.

Más tarde, en mi juventud, me despertó la pasión por el teatro. Me enamoré del amor de mi vida en la piel de una Adela rebelde, interpretando a esa muchacha que quería vivir su primer amor poniéndose el mundo por montera y gritándole a su madre; rompí la vara de la dominadora en pleno escenario. Allí descubrí que la vida continuaba en el teatro o que el teatro era la vida.

El amor llegó como le llegaba a Adela, inundándolo todo, arrasando todo, y me reveló que era bella, deseada, libre, tan joven y salvaje como un potrillo. Desenlacé mi cabello al aire, me arranqué la mantilla de encaje, quise beber su sangre lentamente, irme con él a los juncos de la orilla.

Cuando un día con sus garras ocultas se fue filtrando el desamor comprendí la granada de amargura que rompe el pecho, las trescientas heridas que lleva la pechera blanca, lo que es correr la casa como una loca con las trenzas por el suelo de la cocina a la alcoba, lo que es ponerse de azabache carne y ropa.

Nunca he oído lamentos tan desgarradores como los que salen del pecho de las mujeres que pueblan el universo de Lorca: Soledad Montoya, Yerma, Adela, la novia... Solo hay que escuchar sus quejas para saber que brotan de la raíz de algo tan hondo, tan íntimo, que únicamente un ser sufriente como ellas podría emitir.

Así ha ido marcando mis largos días como profesora, cuando al acercar a los jóvenes su poesía he tratado de explicar lo inexplicable.

Ya no soy esa muchacha rebelde, ni siquiera me duele ya el amor, que pasó por mi vida y acabó siendo un soneto oscuro. Mi locura es la soledad y la escritura. Si pienso en mi muerte la siento como una luna que me llevará algún día de la mano por el cielo.

Pero Lorca no es solo mío, aunque tan mío lo sienta. Es de todas y de todos. La voz del poeta traspasa fronteras y culturas, géneros y países. Un verso de Lorca puede unir dos almas que viven a miles de kilómetros de distancia, puede unir el cielo y la tierra, la luna y el sol, puede unir el agua y el aceite, lo que no se puede mezclar. Hace que te sientas de Fuente Vaqueros, de Granada, de España, de Europa, de la Tierra, del universo, del más allá, de los mundos que no sabemos si existen. Lorca queda en todos nosotros. Quisieron matar algo que no podía morir, que nunca morirá. Tú, yo, todas nosotras somos lorquianas.

I

SOLO LO ESCRITO

Solo lo escrito

> «Está la vega aplanada. Estos días tristes de invierno
> la convierten en campo de ensueño...
> y la lluvia empieza a caer fuerte y sonora».
>
> *Impresiones y paisajes*

Y toda Granada llora,
llora el río y la alameda,
los cipreses tan tristones
y con su llanto la vega.

Y toda Granada llora
y aún a callarse no llega
ni mil años que pasen
desde aquella triste nueva.

Lloran lo pájaros mohínos
y la luna con su vela,
con su afligido ramo de nardos
que inunda de lágrimas la tierra.

Llora el día y la noche
que íntima todo presencia.
Llena, pues, de palabras tanto dolor:
solo lo escrito consuela.

Todos los colores

Todos los colores te has llevado.

Se han ido tras de ti
corriendo por la alameda.

Te has llevado el rojo y el verde
y el blanco con su manto.

Te has llevado el amarillo,
el sol duerme bajo el rayo.

Te has llevado el negro
sembrando de luto el campo.

Todos los colores te has llevado.

Yo era niño

«Para pedirle a Cristo
Señor que me devuelva
mi alma antigua de niño,
madura de leyendas,
con el gorro de plumas
y el sable de madera».
LIBRO DE POEMAS

Yo era niño en el pueblo
y me gustaba
el piano, el cante,
dibujar mariposas
a la caída de la tarde.

Decir misas en la tapia,
subirme a los árboles,
disfrazarme en el teatrito[1],
inventar personajes.

Yo era niño en la casa
y con los niños
jugaba en las cámaras
a escondernos del lobo,
a buscar lagartos, cigarras,
a merendar en la sala.

Yo era niño en la escuela
con mi capa roja,
con mis libros y cartera

y con la alegría
de las canciones tiernas.

Yo era niño en la huerta
bajo el cielo azulado y rosado
donde volaban los pájaros
que en los chopos viejos
lanzaban su canto
y sabían que la poesía
era una voz en el aire.

Yo era niño en la vega
olorosa y floreada,
hablaba con la fuente
y con las piedras,
con su alma plateada.
Ellas me señalaron
el verde camino
de un poema
que desde entonces
como sueño lejano persigo,
como eterna quimera.

Yo era niño en el pueblo,
yo era niño en la casa,
yo era niño en la escuela,
yo era niño en la huerta,
yo era niño en la vega.

Me llamo

«NIÑO: Me llamo Federico García Lorca».
LOS SUEÑOS DE MI PRIMA AURELIA

Me llamo Federico,
un poco grande el nombre
para mi cuerpo aún chico.

Me llamo Federico,
pero pronto poeta
me llamaré,
y agua, luna,
fuego y corcel.

Pronto poeta seré
como el que nace cojo
como el que nace ciego[2],
sin remedio viviré
ya para mis versos,
mis versos para él,
para este nombre
que llevo
escrito en la piel.

Mi prima sueña
con barcos de papel;
yo sueño ser un día
dulce como la miel,
subir al escenario,
dar voz a la mujer,

al negro y al gitano,
a todos los seres
que aún nombre
no pueden tener,
y que yo
—niño aún chico—
me quiero aprender.

Mi prima me sueña,
yo sueño también.

Momentos

Un paseo,
una tienda,
un recreo,
un mar.

Y una calle
donde juego
con otras niñas
a inventar.

En la playa
una brisa
que mis trenzas
acaricia.

El sol,
el aire,
la arena,
que con las niñas
juegan.

En el patio
un columpio
que solo
se balancea.

Mi pueblo

«Por todas partes cantan
las acequias».
LIBRO DE POEMAS

Sobre el agua
está mi pueblo.

¡Echad un libro al río
como una piedra
que forme un remolino!

Bajo el agua
están las palabras[3].

La escuela

«Quiero volver a la infancia.
Y de la infancia a la sombra».
Suites

Los niños escriben
en el silencio impuesto
por el maestro
que luce su gorro y su palmeta.

Al lado,
en la escuela de niñas,
cantan las voces dulces y finas.
Los niños escriben
y ríen,
la palmeta del maestro brilla.

El Cristo de yeso
preside el silencio
que sella las bocas
con hondo misterio
desde los bancos
de la segunda fila.

Los niños imaginan
a las niñas,
las niñas presienten
a los niños.

Ellas también tienen su Cristo,
su palmeta, su maestra,
sus normas y catecismos,
sus propios rezos,
tras el canto monótono,
su silencio.

Es una pared fina,
un muro frágil,
el que separa las dos escuelas,
los deseos de unos
de los de otras,
las vidas, los secretos,
las infancias tan parecidas.

Y pienso que allí,
en otra vida
—el corazón latiendo tan cercano—,
quizá hubiera estado
yo también al lado,
en la clase de aquellas niñas,
cantando[4].

Merienda escolar

Las niñas descienden a trompicones
las escaleras de piedra
al toque de la campana,
tan estridente como sus carreras.

En la fila contienen la espera
de la tierna rebanada de pan
y la deliciosa onza de chocolate:
breve, escasa,
dulce, deseada.
Como se desea el descanso y el juego.

Se desliza suave por la garganta,
se posa unos instantes en la boca
que la saborea,
la retiene
entre los dientes y la lengua.

¡Ay si así se pudiera
retener y degustar la vida!
Si fuera tan sencillo
como el color marrón del chocolate
brillando a las seis de la tarde,
cuando las acacias ríen
y las niñas sueñan.

La viudita del conde Laurel

«—¿Por qué llevas un manto
negro de muerte?
—¡Ay, yo soy la viudita
triste y sin bienes!
Del conde del Laurel,
de los laureles».
LIBRO DE POEMAS

Yo soy la viudita
del conde Laurel
que quiero casarme
y no encuentro con quién[5].

Yo soy niña en el corro,
estoy en el centro,
soy la pobre viudita,
dando vueltas me mareo.

El corro:

Si quieres casarte
y no encuentras con quién,
escoge a tu gusto
que aquí tienes quién.

Las niñas las manos sueltan,
a una tengo que elegir.
Escojo a esta niña
por ser la más bella,

la blanca azucena
de todo el jardín.

El final del juego llega
aunque nada entiendo aún,
ni las normas ni las claves
de esta viudez no anhelada,
ni el romance de este conde,
que un día fue esposo mío,
ni por qué sigo sola
en el centro de esta rueda,
ni esta canción que en mi pecho
repetida martillea:

que dame una mano
que dame la otra,
que dame un besito
que métete a monja.

¡A correr!, ¡todas a correr!,
a abrazar a una niña,
para no quedarse sola,
para no ser la viudita,
la viudita del conde Laurel.

Juegos

Yo fui niña
en el corro de la patata
comiendo ensalada
y lo que comen los señores,
naranjitas y limones.

También fui la viudita
del conde Laurel
que quiere casarse
y no encuentra con quién.

Más tarde me hice
capitán de un barco inglés
y si alguna vez me he de casar
con la morena
y una nada más.

Estuve con los brazos en cruz
y los codos apoyados en la pared,
un, dos, tres,
pica pared.

Mis brazos abiertos,
mis codos gastados,
mis rodillas heridas,
fui niña picando
una pared de amargas piedras
agujereadas por la posguerra.

Y ahora mis manos y rodillas
no entienden
qué pasó con esa niña,
por qué un día dejó de jugar,
por qué el juego es ahora
el de la complicada vida
con sus absurdas normas,
sus estrictas cartillas,
sin instrucciones precisas,
sin devoluciones ni cambios,
sin posibilidad de retomar el juego
si ha salido mal,
si se ha hecho trampa
o si una mirada distraída
se quedó colgando
en el ala de un pájaro.

El muerto

Yo lo había visto
con los zapatos nuevos
por eso no quería
tumbarme en la cama
con los zapatos puestos.

Por eso no quería tumbarme
boca arriba
y observar la piel reluciente,
brillante, el cuero
de los zapatos yertos
que no servirían
para andar nuevos caminos
sino para entrar bien compuesto,
con el traje de estreno
y aquello que refulgía
bajo el amor de la vela,
a los pies de la cama
negro y funesto.

Por eso cuando miraba
en la pared las sombras
que enorme alargaban
la figura tumbada,
mi alma infantil
pequeña temblaba.

Yo había visto aún niño
cerrar la caja,
la caja de mi primer muerto,
y nunca más me tumbé en la cama
con los zapatos puestos[6].

Álamos de plata

«Los álamos de plata
se inclinan sobre el agua.
Ellos todo lo saben pero nunca hablarán».
Libro de poemas

Ellos todo lo saben,
saben de nuestras tristezas,
de nuestros silencios saben.

Saben cómo nos amamos
hace tiempo:
en campo de azucenas
fuimos un cuerpo.

Saben cómo hoy las palabras
estallan en nuestro pecho,
cómo tronchamos los tallos
de nuestros deseos.

Todo lo saben y callan
sobre el agua los álamos.
Por eso cuando te miro
inclino mi cuerpo hacia mi reflejo
en mudo y verde silencio.

Campanas

«¡Oh, campanas de Córdoba
en la madrugada,
y oh, campanas de amanecer
en Granada!».
Poema del cante jondo

Hoy llueve
en esta ciudad vacía
y el día se convierte
en avenida mojada
tras la ventana.
En la calle los árboles
se asombran de su soledad.

Las farolas los miran
con su largo pie de plata.
El agua no encuentra
objeto que salpicar.
Y llega lejano el sonido
de unas campanas.

Ahora soy yo
la que se sorprende:
nunca en mi ciudad
se oyen campanas[7].
Pero hoy pasan cosas
que nunca pasaron.
Quizá tañen por algún muerto
que se niega a no ser recordado,
a no tener entierro.

Se funden con la lluvia,
se alojan en mi balcón.
Llegan al alma:
tocan sonidos extraños
para esta ciudad
que ahora es una tumba
en la que descansar.

No me recuerdes el agua

«Caballo que se desboca
al fin encuentra la mar...».
Romancero gitano

Ya me han tragado las olas
¡y mira que me lo advertiste!
Encontré el mar sí,
con sus brazos negros
me estaba esperando.

¡Y mira que me lo dijiste!
¡Y mira que me lo gritaste!

Hacia el mar llegan
todos los ríos,
a veces suavemente,
como agua serena
que encuentra el camino;

otras como enajenada torrentera,
como loca cascada,
como negra enredada cabellera
entre las más oscuras ramas.

Así fui yo,
así me engulleron las algas:
sin bridas y sin enaguas.

No me recuerdes el mar[8],
no me recuerdes el agua.

¡Ay!

«Al fin encuentra la mar
y se lo tragan las olas».
Romancero gitano

¿A dónde vas sin compaña
y a estas horas?

—*¡Ay, déjame sola!*
Sola vivo desde ahora.

¿A quién buscas?

—*Ya no sé.*
Era algo que no es.

¿A quién perdiste?

—*Al que a mí me perdió.*
Como luz de luna, frío
se evaporó,
como río de olvido,
se me agotó.

¿A quién no verás más?

—*Al que en la última carta me escribió*
que su amor eterno sería,
pero mintió.

Tu luna y tu caballo

Este romancero que es gitano
hoy me ha traído de nuevo
tu luna y tu caballo.

Soñé que yo era tú
y me lanzaban a un vil barranco
con mis versos y tu retrato.

Y el sueño no iba sobre el tiempo,
el sueño se había ahogado;
la poesía, muerto,
el mundo, agrietado.

No era verde, no era rojo,
los colores te habías llevado.
Y en la fragua daban gritos
asustados los humanos.

Que no quiero ser monja

> «La monja borda alhelíes
> sobre una tela pajiza.
> Vuelan en la araña gris
> siete pájaros del prisma.
> Ella quisiera bordar
> flores de su fantasía».
> *ROMANCERO GITANO*

El amor querré conocer,
hermana,
aunque niña chica aún soy.
Aunque niña y me escondo
cuando cuentan hasta diez
con los ojos tapados,
hermana.

Las niñas cuentan
la cuenta atrás para volver a casa.
En casa está madre
que me cuida y me peina,
me hace primorosas coletas.
Mi pelo, madre,
quiere volar al aire,
no ir tapado por grises vendajes.

Un día me querré enamorar,
madre,
sentir cómo mis labios arden.
En el corro de la patata

la que se queda sola
en medio se mete a monja.
Yo no quiero ser la de en medio,
madre,
sino vivir en la orilla.

En la orilla de un río,
madre,
me encontraré con un muchacho:
en el futuro me espera
de este rizo
que cae de mi cuello
como un suspiro...

El arbusto del silencio

«Silencio de cal y mirto».

Romancero gitano

En este país de silencio,
el silencio es un arbusto oloroso
con su pequeña flor estallando
en el blanco de la muerte.
¡Cuánto silencio!
Y por callar, la muerte.
Y aun callando, la muerte.

Silencio para la hija de negro
que aún no puede casarse
y para el padre sin hija
que está muerto.

Silencio para los amantes
que aún no deben besarse,
para la mujer que no tiene hijos.

Silencio para el poeta
que en grito callado
rebosa de amor oscuro.
A la palabra, cal.
Cal amarga que ahoga.
Al mar, sal.
Sal que quema las heridas.

El silencio de un país que oprime,
que amordaza bocas, asfixia anhelos,
hace subir al tren del silencio.

Hay silencios que son muerte
en la orilla callada de la noche.

El duende

«Para buscar al duende no hay mapa ni ejercicio».

Teoría y juego del duende

Preguntarnos dónde está el duende es inútil.
A veces pienso que tú, amado poeta,
te lo llevaste todo,
arrastrándolo por ese barranco infame.
Ahora ya no queda más que buscarlo.
Por todas partes.

Tal vez esté en el tiempo
en que mis hijos eran pequeños,
en los animales que me rodean,
en la mujer hermosa que fui,
en el cálculo que se resiste,
en el misterio de las hojas.

Dónde está,
a gritos llamamos.
En cada nueva página de poesía
brota pequeño, inasequible, fugaz.
Quizá tenga el aliento de la vida.
Y poco a poco nos deja respirar.
No es más que un instante,
el resto nos ahogamos
en el marasmo de lo insulso,
de lo vano.

No puedo reclamar el duende,
no es de nadie,
es de todos,
si sabemos mirarlo,
si sabemos oler la rosa,
contemplar el cielo.

Pero te añoro, poeta,
con tus versos y tus manos.
Tú lo viste tantas veces,
supiste nombrarlo
y cuando leo un poema tuyo
con sangre escrito,
me llega a las sienes, al alma,
al corazón de niña pensando
que no ha podido nacer
un andaluz tan claro[9].

Huellas

«Yo, poeta sin brazos, perdido
entre la multitud que vomita,
sin caballo efusivo que corte
los espesos musgos de mis sienes».
Poeta en Nueva York

Entre la multitud perdida
siempre te encuentro a ti,
poeta.
Tú clavas mis raíces
en esta tierra.

Si tú eres de ella,
yo no quiero ser de otra,
si en ella naciste,
aquí se afincan mis hojas.

Tierra de guerra,
de mujeres rotas,
de hombres perseguidos,
de hijas sin boca.

Esta tierra tan tuya
que grita en tu seno,
que te da la muerte
cuando le das versos.

Si en ella mueres,
en ella bebo,
en ella viviré
para buscar la huella
de tus deseos.

Noveno piso

Dices que tu cuarto está
en el noveno piso
y desde allí, hijo mío,
ves el verde campo de deportes.

Hablas de la inmensidad
de los rascacielos,
las miles de luces
y los ríos de autos
y cabe Granada entera[10]
en tres edificios.

No te pierdas, hijo mío,
no te empujen en el tumulto,
en esa Babilonia trepidante.

Sabes que Granada,
pequeña, diminuta,
es una caracola sonora
que espera tus aguas.

Dame noticias, hijo,
dime en qué paras,
que más ven tus ojos
alegres y ávidos
o mejor, hijo mío,
además de tus cartas,
escribe un gran libro,
un libro que sea un río

donde la ciudad fluye
con sus aceras heridas,
con su multitud errante.

Pero no te pierdas, hijo mío,
ya están floreciendo
los jazmines de la huerta.

No tienes tiempo

No tienes tiempo
de mirar una nube
o dialogar con la brisa[11].

No tienes tiempo
de escuchar al pájaro,
de conversar con el cielo,
de oír al agua.

Tiempo no tienes
de leer los mensajes del mar.
Ni de contestar a los árboles
que con sus verdes ramas
te miran pasar.

Así vas sin tiempo,
en una frenética locura,
en un abismo de pasar
como alocado río
que nada mira,
que nada escucha,
que nada observa,
y en su interior pierde
todas las respuestas.

No sabes que llegarás
muy pronto al mar,
sin oídos, sin labios, sin ojos,
y volcarás todas tus aguas

sin haberte mojado en ellas,
sin haber respondido
a todas las llamadas
insistentemente verdes,
tercamente azules,
que te querían salvar.

Mapaches en Central Park

Sentada en un banco
a orillas del lago
se han acercado a mí
tres o cuatro mapaches pequeñitos.
Uno me ha mirado fijamente a los ojos.
Sabe, como yo,
que no soy de aquí,
que estoy de paso,
que mi mundo es muy distinto
a este que se arrastra
por inmensas avenidas,
por enormes rascacielos.

Yo también lo miro sorprendida:
dos seres tan diferentes
en mundos tan distantes.
Lo miro con los mismos ojos atónitos
con los que he subido por la Quinta Avenida
hasta este parque inabarcable.

No he podido estos días
escribir un solo verso,
leer una sola línea,
únicamente abrir los ojos para absorber
tantas luces, edificios, altísimos miradores,
anuncios, señales, multitudes…
Soy como el mapache
en esta gran ciudad ombligo
que engulle y secuestra,
enmudece y agota todos los sentidos.

He mirado hacia un cielo
que formaba un ángulo insólito
entre los intrépidos rascacielos,
un fragmento geométrico,
milimetrado, enmarcado,
que no es el que me despierta cada día.
He dicho adiós a los mapaches
que corrían a esconderse
entre las rocas del lago,
adiós a la ciudad
que he podido por fin visitar
—en contra de lo que escribí un día
en un poema—.

De tanto observarlos
me he quedado sin tiempo
y he corrido hacia el hotel:
las maletas, el avión,
la aduana, el taxi…

Ahora, en mi pequeña estancia
—he olvidado el tamaño de las cosas—,
en mi cielo azul mediterráneo,
trato de revivir de nuevo
el fulgor de esa extraña ciudad
que me regaló un cielo
de un azul desconocido,
hecho de colores
que jamás podré crear
en la paleta de mi caja de acuarelas.

Mal sueño

«¿Cómo fue?
Una grieta en la mejilla.
¡Eso es todo!
Una uña que aprieta el tallo.
Y el mar deja de moverse».
Poeta en Nueva York

Soñé que tú me llevabas
a las afueras de Granada,
a las afueras de tu ciudad amada.
Las cosas que allí vi
ya no puedo referir.

La poesía se hizo sangre,
se hizo agua estancada.

Gente que no ama y desprecia
los cálidos versos
y los trata con el odio
más vil y perverso.
Que solo quiere deshojar
la flor de la poesía
para que su aroma muera
en la noche más amarga.
Y los pétalos rojos se derramaron
uno a uno como las heridas
en las afueras de tu ciudad querida.

La poesía se hizo sangre,
se hizo agua estancada.

Me pregunto por qué entonces
no estabas en Nueva York
aunque la aurora tuviera
columnas de cieno,
negras palomas,
aguas podridas.

En esa noche amarga se oyó
el grito más prolongado
de la mujer, la madre,
el negro y el gitano,
del niño que iba
con la luna de la mano.

Con negra voz alzan su llanto
contra esos malditos
que fieramente han deshojado
la flor de la poesía.

Tu cara

«No.
¡Que no quiero verla!
¿Quién me grita que me asome?
¡No me digáis que la vea!».
Llanto por la muerte de Ignacio Sánchez Mejías

El pelotón de verdugos
no osó mirarle la cara[12].
Tu cara, Federico,
por la pasión dibujada.
Hecha de amor y de verso,
hecha de tierna sangre derramada.
Tu cara morena tantas veces imaginada.

Y yo te quiero verde,
verde copla de la mañana,
verso que a mí desciende
desde la página,
que brota sonámbulo y ciego
y lo trae una luna gitana,
porque tus versos no se olvidan,
poeta, aunque caigan mil espadas.

Tus versos gritan desde una ciudad
que no duerme, rota en aristas agrias,
y se instala en esa raíz que dejaste
tan cerca de nuestra alma.

Nuestra alma, Federico,
por ti rasgada, como la cuerda
de la guitarra.
Temblando, rota, conmocionada
por tu cara herida en la madrugada.

Mar quieto

«También se muere el mar».
Llanto por Ignacio Sánchez Mejías

«Lloraba una gota de agua separada del mar».
Rubaiyat. Omar Jayyam

Claro que se muere el mar.
Se muere cuando tú estás quieto,
cuando tus manos
han abandonado los versos,
cuando tus pies no pasean por la vega,
cuando la luna no ilumina tu cabello.
Claro que se muere el mar.

Se muere cuando deja de moverse,
cuando tu canto no traspasa la luz,
cuando se enreda tu voz
en algas marinas
que la arrastran al fondo
y la hacen muda sirena,
mudo poema.

Claro que se muere
como el final de los versos
que no escribirás
ni recitarás a los amigos.

Se muere cuando tu alegría
se estanca en la noche,
la última noche de tu vida,
la última noche del mar,
que pierde su sal, sus mareas,
el reflejo de sus estrellas,
sus lunas y sus veleros de sueños.

No me acostumbro a este mar quieto,
a estos versos silenciosos.
Porque el mar no tiene brazos,
ni manos ni besos salados.
Porque ha dejado de moverse
y contigo, ha muerto.

Te amé

«Pero yo te sufrí, rasgué mis venas».
Sonetos del amor oscuro

«Muero cuando dejas de matarme
y solo al tiempo que me matas vivo».
Pedro Soto de Rojas

Te amé y te sufrí.
Rompí mis vestidos
buscándote;
en intento
de aferrarte
fui ancla.

¿Adónde iban
tus mareas?
¿A qué barco
te subiste?

El mar oscuro
borra mis deseos,
todos los días
que hacia ti suplicaban
desgarrando lo poco
que quedaba
de dignidad.

Te amé y te sufrí.
Fui gacela y gaviota.
Como gaviota me pediste
un día que dejara el mar.
Como gacela dejé los campos
por ti.

Sin mar, sin campo,
he roto todas las velas,
las anclas, las estrellas,
nada me une a esta tierra.

Tu hielo

«La miel helada que la luna vierte».

Sonetos del amor oscuro

Terreno congelado
con el paso de los años,
tierras, rocas, cemento,
ese es el sustrato.
Gran masa de hielo
es la amalgama
que ha ido uniendo
las vértebras, los músculos,
la piel, la sangre.

¿Cómo sentir la vida,
o el impulso, el deseo,
la ilusión de que algo
aún palpite
bajo la capa de este suelo?

No queda nada, nada de los anhelos,
los temblores, las palpitaciones,
los sueños de amor eterno.

Nada queda de aquellos besos,
de las caricias, de las promesas;
son escarcha, trozos de sedimento.
Entró la eternidad de tu hielo.

Esto es ya mi corazón:
sabedlo[13].

Mala hierba

«Que lo que no me des y no te pida
será para la muerte, que no deja
ni sombra por la carne estremecida».
Sonetos del amor oscuro

No entendiste
que lo que no me diste
ni te pedí
ya es pasto para la tierra,
flores de sepultura,
ortigas en el camino.

No entiendes aún,
aún no entiendes
que lo que no me das
ni te pido
ya es agua para la mar,
hielo para la casa,
rayo para mi nido.

Nada tengo,
nada te pido,
no hay amores en el latido.
Piedra soy,
piedra de olvido.
No es corazón lo que late,
es cal, yeso, granito.

Lo que ya no te pido
no me lo des,
si no me lo diste así:
si no lo dejaste caer
como miel derramada,
como lluvia liviana,
como flor de rocío.

Sobre una piedra
qué importan ya las gotas,
la mañana, la dulzura.

Solo lamento
que lo que no me das
como hierba de silencio
se extienda por mi cuerpo.

Las alas

«Tu suerte depende de las alas
de esa gran mariposa.
No las mires con ansias,
porque puedes perderte».
El maleficio de la mariposa

En el camino
hay mariposas blancas,
hay mariposas negras.

Las blancas te alumbran,
te enseñan los peligros,
te animan a levantarte al tropezar,
te elevan en su vuelo.

La negras ponen barro en el camino,
te empujan al abismo,
te hunden en el cieno si tropiezas,
te amarran a su suelo.

Todas te saludarán, te sonreirán.
Y confundirás sus colores:
porque de todas el cielo está lleno.

Qué hago ahora

«No dejéis nunca libros de versos en las praderas,
porque podéis causar mucha desolación entre los insectos».

El maleficio de la mariposa

Si el escarabajo quiere ser mariposa,
si el cardo quiere ser rosa,
si la mosca anhela alto volar,
y el gusano surcar los cielos,

si yo quiero ser poeta
porque encontré en el prado
tus versos desparramados
y se me clavaron como astillas
en el hueco de mi carne femenina,

qué hago ahora
con la desolación que lentamente
fuiste destilando como miel amarga
en cada poema que salió de tus labios,

qué hago ahora para vivir
cuando la poesía se oculta
en un cielo con nubes
en un campo sin flores
en una ciudad sin belleza;
cuando la vida me niega
los versos que ansío
como insecto en el prado
desolado y errante...

Yo comprendo

«Sabes que yo comprendo la carne mínima del mundo».

El maleficio de la mariposa

Carne mínima la de los pequeños seres
que vuelan al unísono,
que se arrastran con la furia del viento,
se arremolinan en nubes de vidrio.

Rápidos destellos de la noche oscura,
tan breves, tan frágiles,
como yo, tan mínimos.

Entiendo su brevedad,
su lejanía perdida,
su mano pequeña de los adioses,
del silencio compartido.

Despidiéndose de todo,
carne diminuta en el universo,
que apenas alza una voz fina, inaudible,
sus brazos cortos, inservibles;
sus ojos cegados por un rayo invisible.

Pobre carne mínima,
carne mía,
sin hueco, sin morada, sin destino.

Certezas

Alma, ¿necesitas que te recuerde
que ya no eres pequeñita?
¿Que has abierto las puertas,
que has roto las etiquetas,
que has entrado en vastos territorios?
Ya no te tengo que convencer
de tu grandeza.

Aunque a veces te escondes,
huyes como animal asustadizo,
vuelves a tus antiguas tristezas,
donde te hicieron creer
que poca cosa eras.

¡Duelen tanto aquellas viejas certezas
que nunca fueron ciertas!

Mantilla de encaje

«Dadme un ramo de flores,
en mis últimas horas yo quiero engalanarme.
Quiero sentir la dura caricia de mi anillo
y prenderme en el pelo mi mantilla de encaje».
Mariana Pineda

Mi mantilla de encaje
no es de boda ni bautizo.
No es para la procesión
de Semana Santa.
Si hoy soy madrina
será de la muerte.

No es mantilla
de tul, de seda,
de hilo o de algodón.
Este encaje filtra
todos mis miedos
que entran por los hilos,
se apropian de mi cuerpo.

Ponme la mantilla
y que la muerte me reciba
con mis mejores galas,
aquellas que forjé
con el sabor de tus besos.

Hoy una boda me llama
que es bien amarga.

Iré como si el novio
al final del camino
me tendiera un lecho
de flores blancas.

Yo sueño que estoy aquí

«—¿Qué es lo que ha hecho?
—Bordó una bandera.
—¿Bordar es malo?

¿Qué crimen cometí? ¿Por qué me matan?
¿Dónde está la razón de la Justicia?».
Mariana Pineda

¿Qué crimen cometí
contra vosotros naciendo?[14]
¿No nacieron las flores, los árboles,
los pájaros por el cielo?

Yo era igual que ellos,
solo dejé perfume en el campo,
ramas y raíces extendidas en mi tierra,
solo quise con palabras volar alto,
con la poesía elevarme,
con el agua fluir
y con versos de llanto
hacer un nido de cera y miel.

¿Qué delito cometí
si solo bordé versos para celebrar
la alegría de vivir,
el dolor de morir,
la pena de no poder ser
tantas veces el que quise,
la verdad de ser el que
tantas veces fui.

¿Qué crimen cometí?
Contra vosotros no nací
de estas prisiones cargado:
me pusisteis un yugo en la voz,
que era voz de enamorado.

Mujeres

> «Y todo esto no es más que miedo a la soledad
> donde están los fantasmas que yo no he visto
> porque no los he querido ver,
> pero que vieron mi madre,
> y mi abuela, y todas las mujeres de mi familia
> que han tenido ojos en la cara».
> *La zapatera prodigiosa*

Las mujeres de mi familia
tienen nombres extraños,
suenan a pecado e incienso,
a iglesia, altar y sudario:
Milagros, Remedios,
Concepción y Rosario.

Todas su nombre reciben
bajo el vestido temprano.
Así pasó en casa de mi abuela
y en la de mi madre María.

Las mujeres de mi familia
ven fantasmas raros
en la misa, en el templo,
en el lento confesionario.
Seres que en la lejanía
las han ido abandonando.

Es un pueblo extraño
el que ellas habitaron.

Sus callejas estrechas
acaban en un patio.
Un patio de vecinas
que murmuran y callan
y de tanto en tanto
riegan sus geranios.

Suenan a letanía, a llanto,
esos nombres callados.

Los nombres

«Angustias, Martirio, Bernarda,
Magdalena, María Josefa, Poncia, Soledad…».

Cuando nacimos
decidisteis clavar
en nuestro blanco
el destino:
el nombre de la primera hija
que naciera, Eva.
Para la segunda, Rosario.

Abuela materna,
abuela paterna.
Así, sin más.
Para qué pensar
ni hacer listas
de nombres femeninos.

Para la mayor, Eva,
la primera mujer,
la pecadora.
Para la pequeña, Rosario,
la Virgen.
Dos extremos opuestos:
el origen, el peso de la tradición.

Así sintió ella siempre
la palabra que la nombraba,
cargándola a cuestas

como una losa,
que la clavaba,
la anclaba a un camino.

Con el tiempo fue
probando otros nombres,
para ser distinta,
abrir otros senderos
en su alma.

¿Será verdad
que los nombres clavan
como alfileres
las mariposas en el mapa?

El bolsillo secreto

«Yo guardaba los dulces para comerlos después».
Así que pasen cinco años

La onza de chocolate guardada
en el bolsillo de la falda.
La galleta, el bombón, el caramelo,
esperando en el bolsillo de la bata.

Siempre guardé los dulces
gratamente obtenidos
como tesoros dorados de infancia
que degustaría más tarde
en el sabor anhelante de mi soledad primera.

Otros los devoraban en mi presencia
mientras mis pequeñas manos
acariciaban el mapa escondido
envuelto amorosamente
en el telar de los sueños.

Más tarde pensé
que quizá el placer lo había relegado
así en mi vida
para momentos que no siempre llegaron;
que algún dulce se me pudrió
en los bolsillos de mis días,
perdió su olor y su textura
escondido en mi alma;
que alguien requisó

todas mis ternuras
y me quedé con un sabor amargo
perdido entre mis manos…

Así el placer se hizo pequeño,
se deshilachó como un tejido roto,
se deslizó como agua tan fugaz
que la sequía de mis labios
agostó todas mis esquinas.

Y en aquel bolsillo de la infancia
no quedó más que el recuerdo,
la sombra de una quimera.

II

LA ESPERA

DOÑA ROSITA, LA SOLTERA
O EL LENGUAJE DE LAS FLORES

Es querer y no encontrar el cuerpo;
es llorar y no saber por quién se llora;
es suspirar por alguien que uno sabe
que no se merece los suspiros.
Es una herida abierta que mana sin parar
un hilito de sangre, y no hay nadie,
nadie en el mundo, que traiga los algodones,
las vendas o el precioso terrón de nieve.

Sábanas de lino

«Yo ansío verte llegar
una tarde por Granada
con toda la luz salada
por la nostalgia del mar…
¿Volverás?».

Él ha de volver,
como vuelven en la primavera
las flores a florecer.

Él ha de volver,
como vuelven las olas
a besar la orilla
y vuelven y vuelven
una y otra vez.

Como vuelven siempre
las golondrinas
que vienen su nido a hacer,
los campos a verdecer,
los trigos a renacer
y el agua la vida a humedecer.
Como las campanas
tocan otra vez.

Él es agua y música,
yo la planta por florecer.
Ha de volver su agua, su río,
su talle, su tierra,

y yo las sábanas bordaré
de lino suave
para su piel,
de algodón blanco
para los tres:
él, yo, mi niño
—que vendrá con él—.

No digáis que no vale la pena
coser y coser,
enhebrar los hilos,
cada día tejer
y por la noche sola
todo destejer
—las ilusiones, la espera—
para que estas sábanas
no se acaben nunca:
grabaré su nombre en ellas
con ramas y hojas,
las plancharé con agua
de azahar y de rosas
cuando yo ya sienta
que él ha de volver.

No cosáis el vestido

«Cuando fuiste novio mío
por la primavera blanca...».

No cosáis el vestido,
el vestido blanco
que se ha vuelto oscuro,
que se ha ido ennegreciendo
con los días, las muchas esperas,
la lluvia posada poco a poco
en los cristales.

En los cristales que miran
a una pobre mujer esperando
mientras en el vestido
caen las gotas,
se abren las costuras,
se agrietan los hilos.

No cosáis el vestido
aunque en el arcón tengáis
mil piezas de hilo,
aunque estéis dispuestas
a cortar los encajes
y a engarzarlos uno a uno
con todos vuestros días de cariño.

No cortéis las piezas,
ya no tengo hilo,
no tengo tijeras,

dedal no tengo
ni armario perfumado
con bolas de alcanfor,
con lavanda y romero
para conservar lo que no ha servido
ni para un día,
un día de mi vida
donde grito:
¡no cosáis el vestido!

Mi cuerpo, roto y marchito,
ya no cabrá en su dulce tejido,
ya no hay promesas ni besos cumplidos.
Se ha roto la tela
antes de haberla cosido.

¿Para vestir santos?

«Tendrá el pelo de plata
y todavía estará cosiendo cintas de raso liberti
en los volantes de su camisa de novia».

¿A qué santo
tendré ahora que vestir?
Y yo,
que así me dejaste,
compuesta y sin novio,
¿qué traje ahora me vestiré?

Tráeme el solitario,
el roto, el descosido,
el que tiene los deseos
muertos por las polillas,
el que yace amarillo
en el fondo del baúl
que nunca abriré.

Tráemelo así,
así está mi corazón:
en el fondo oscuro del cuerpo
que nunca abriré.

¿Qué cuerpo voy a vestir?
El mío está desnudo
de amor, de esperanza,
de deseo, de recelo.

Así me acostaré,
mirando la mesita
donde encendí una vela
que tú fuiste
poco a poco apagando,
como se apaga mi cuerpo:
mariposa rota
entre las sábanas blancas.

Veneno

«Pero el veneno que vierte
amor sobre el alma sola,
tejerá con tierra y ola
el vestido de mi muerte».

Es el veneno quien tejerá,
quien irá poco a poco tejiendo
con hilos gruesos y agujas afiladas,
marcando en la casa
el desamparo, la soledad;
dibujando canas en el pelo,
arrugas en el rostro
y todos los desalientos.

El hijo que no vendrá,
las sábanas por estrenar,
el lenguaje de las flores
que nunca entendiste,
que nunca quisiste oír
y hoy se convierte en veneno
que el amor vierte.

A la Alhambra

«Alhambra, jazmín de pena
donde la luna reposa».

Díselo a la Roja[15],
tú ve y díselo a la Roja.
Que detenga su mirada perpetua
hacia el Albaicín.
Le dices que te escuche,
que tienes penas que contarle,
desamor sin curar
y devoción por sus muros,
por sus piedras milenarias.

Dile que te vista
con mármoles y azulejos,
con antorchas de fuego,
con jardines de agua.
Que te acoja en su manto
de raíces profundas;
en el blanco del arrayán
te deje contemplar
desde su atalaya.

Dile que eres roja,
que roja viviste,
que creciste roja,
que roja ondeaste
y solo te falta
un lugar rojo para morir,

para reposar en lo alto,
para mirar las estrellas en la noche
con la brisa silenciosa del canto.

Díselo a la Roja:
que escuche tu llanto.

Lunes de mayo

Aún retengo la luz de esta mañana.
Entre los naranjos y las rosas,
entre los cipreses y los pinos,
los tejos y los setos de arrayán,
esta mañana soleada de mayo
me ha ofrecido su luz
y me ha elegido
para ser partícipe de su alegría
por los jardines del Generalife.

La brisa suave y un poco fría
que bajaba de Sierra Nevada
me ha sonreído desde el fondo
con su blanco manto.
Me han hablado los pájaros y las flores,
los jazmines, acaso las piedras y el agua,
el fulgor de esta luz del sur
que se posa en las plantas.

Hay en la vida ocasiones
de cielos tan puros y azules
que parecen enmarcarnos
en su escenario
para darnos sentido
brillando como puntos diminutos
en el verde paisaje.

Es la soledad entonces
un canto de agua en las acequias,
un pájaro que bebe entre las piedras
y pesa tan poco como una pluma,
duele tan poco como la caricia
del tibio aire de esta mañana de lunes
tan distinta a otras vividas.

Cuesta poco ser feliz en ocasiones,
cerrar los ojos y oír solo
el latido interior
que vive y respira,
uno más entre los seres
que habitan los jardines del aire.

Ahora, en mi estancia,
cuando la noche ya ha caído,
aún retengo entre las sombras
la luz de esta manana.

Granada, 12 de mayo de 2025

¿Hablan las flores?

«¿Por qué tus ojos traidores
con los míos se fundieron?
¿Por qué tus manos tejieron,
sobre mi cabeza, flores?».

¿Hablan las flores?

Sí, mira cómo en el invernadero
susurran, murmuran, duermen.
Sí, mira los crisantemos, las fucsias,
las dalias, los claveles, las rosas,
hablan cuando están inquietas,
lloran cuando están cansadas,
ríen cuando tienen agua.

¿Hablan las flores?

Sí, mira cómo se ponen
alegres cuando tú pasas,
cómo te dan sus tallos,
cómo se estiran sus ramas.
Encarnadas cuando te miran,
amarillas en los celos,
en su inocencia blancas
y azules en la mortaja.

¿Me hablarán a mí las flores?

Solo si sabes cuidarlas,
solo si sabes regarlas.

Rosa mutabile[16]

«Y cuando llega la noche
se comienza a deshojar».

Cuando se abre en la mañana
y mira al novio en el alba
rojo su cuerpo amanece,
abre su aroma que envuelve
los cabellos de su amado
que son rocío caliente
en el amor de su tallo.

Abierta en el mediodía
una muchacha parece
que espera corona de novia
donde todo sueño crece.

Si se desmaya la tarde
la vida sigue su curso
tras el balcón esperando
las cartas de lazo verde.

Y cuando toca la noche
y su amado no ha venido
piensa si quizás sus cartas
sean la tinta de un río,
un río que la ha arrastrado
deshojando el desvarío.

No respondes

«Abierta estaba la rosa
pero la tarde llegaba,
y un rumor de nieve triste
le fue pasando las ramas».

Amado,
está la noche oscura,
tan oscura ya.
Tan lejano el tiempo.

Si nos unió la vida,
los días, las señales,
el fuego, los cristales,
¿por qué está tan oscura
la noche?

Por qué solo me guía
la luz de mis versos
donde el amor no tiene
más rostro que el del recuerdo
y perdió las moradas,
las señas, los retratos,
las cartas, las huellas,
la dirección por donde
buscarte
esta noche,
amado,
tan oscura ya.

¿Por qué está tan oscura
la noche?
No respondes, amado,
no respondes.

La Rambla

«La calle más alegre del mundo».

Tu rosa de pena y palabras[17]
ofreces tú a la Rambla.
Te miran los árboles,
te miran los pájaros,
te mira el agua…

Yo paso por la calle tantas veces
pensando en ti…
en ese paseante desconocido
que huele el perfume de las flores,
que encierra en su puño
su rosa mudable
y la entrega a las cosas pequeñas,
diminutas.

Tú, como yo,
por ahí bajaste hacia el mar,
dejando tu amor por las aceras
de lirios perfumados y de olas.
En un paseo que ojalá
como la calle
no acabase nunca
para que pudieras oler
todavía
las flores de la Rambla
de Barcelona.

La boda

Esa boda no fue real.
Pero no siempre se escribe
sobre lo real.

A veces
es lo soñado
lo que se impone,
lo que nos hace dudar,
lo que tal vez pasó,
lo que pasaría si,
lo que no dejamos
que pasara.

Y a veces
eso es más fuerte,
más intenso,
que los caminos
que un día pisamos.

III

DESPIERTE LA NOVIA

BODAS DE SANGRE

La boda está llamando por las ventanas.

El coro

Despierte la novia
la mañana de la boda.

Yo soy la boda
y a ti te llamo.
Despierta de tu sueño
de aguas y lirios
donde cantaban
todos tus mirlos.

Despierta de tu sueño
de dulce armonía
donde bordabas flores
de tu alegría.

Despierte la novia
la mañana de la boda.

Tal vez el sueño
era de otra
o en otra vida
se producía.

Tal vez el novio
era de otra,
en otra casa
lejos dormía.

Quizá los besos
fueron robados
y su palabra
la dio a otra.

Y qué soñaste
novia, qué soñarías,
en esa noche
larga y amarga
mientras yo te llamaba
por las ventanas.

Despierte la novia
la mañana de la boda.

Vestido negro de novia

A mi madre,
a la que siempre le pregunto
por qué se casó de negro.

Miré a mi hermana que me vestía
con un mar negro de agua,
con un velo negro de tinta,
con negro encaje de pistilos de amapola.
Oía la música nupcial que blanca sonaba
pero acababa en notas negras de partitura amarga.

Sentí el calor del traje negro de aquel joven
que del brazo me llevaba
y sería mi compañero en la madrugada.
Solo sé que de negro me casaba
aunque soñé unas aguas claras
que mi cuerpo acariciaban.

Miré a mi hermana que me vestía
con el luto de su mirada clavada
en mis piernas blancas.
Madre había muerto,
la boda era de negro,
aunque yo soñara con azucenas blancas,
con rosas pálidas, con níveas sedas,
con la luz clara de la alborada,
con hortensias y gardenias blancas.

El ramo negro, el velo negro,
negros los zapatos y la cintura,
negra la sombra del novio que me esperaba
en la iglesia del pueblo
aquella mañana nevada.

La corona de azahar

«—¿Por qué te pusiste esos zapatos?
—Son más alegres que los negros.

—¿Qué esencia te echaste en el pelo?
—Ninguna».

Traje negro, larga cola,
sobre tu pelo moreno
llevas la corona.
Por esta corona
que hoy se ensarta en tu pelo
bajará un niño dulce
a darte consuelo.
Te hará fértil el río
de todas estas flores
que blancas en la noche
regalan su perfume.

La mañana de casada
la corona le ponemos.
¡Para que el campo se alegre
con el agua de tu pelo!

Mi madre está muerta,
mi padre me lleva
a mi casamiento.
Mi mantilla es negra,
negros mis pensamientos.

Abrázame fuerte
que quiero olvidar
que otro amor me espera
allá arriba del mar.
Ponme la corona
que quiero anegar
en la esencia florida
todo mi pesar.

Corona de flores,
corona de espinas,
esencia en mi pelo
yo no me he puesto,
¿por qué no te pusiste tú
los zapatos negros?

Una pedrada

«Amasa su pan y cose sus faldas,
y siento, sin embargo, cuando la nombro,
como si me dieran una pedrada en la frente».
(El novio)

Tú estás mala,
tú estás mala,
tú no tienes bien el cuerpo.
¿Es azogue o delirio
lo que escondes en tu seno?
Acuéstate, novia,
acuéstate un rato,
huyes de mis besos
y de mis abrazos.
Y mira que ahora
estamos ya en sagrado.
Con mis manos rodeo
tu fina cintura
como paloma asustada,
aterida por el hielo,
como liebre tan pequeña
perseguida por los perros.
Un golpe en las sienes
dices que tienes,
mira si es el caballo
que respira tras tu reja,
mira si es el jinete
que loco afuera te espera.
Y me das la promesa

de la primera noche,
de ofrecerme tu cuerpo
como en un sacrificio
en noche sangrienta.
Yo no veré tu pelo al viento,
no habrá hombre que se mire
en la blancura de tus pechos.
Túmbate en la cama,
te buscaré a la vuelta,
aunque solo veré
la huella de tu cuerpo
tras la sábana abierta.

Caballo suelto

«—¿Sentiste anoche un caballo?
—¿A qué hora?
—A las tres.
—Sería un caballo suelto de la manada.
—No. Llevaba jinete».
(El caballo)

Cuando tú me montabas
el camino sabía
de tu puerta a la suya.
Y aunque vendas me pusieras
su olor me guiaba
siempre hacia su verja.

La luna refleja
todas mis crines,
mi negro azabache,
mi cola de mares.
Relincho y galopo
como en mil orillas,
como en mil estrellas
en mi piel herida.

Ni cuadra ni establo
podrá detenerme,
ni fuego que quema
mis patas errantes.
Ponme las bridas,
hierros y espuelas,

mi alma alocada
vuela el sendero,
corre la sangre,
la furia y el brío
y hacia su puerta
siempre me dirijo.

Sea madrugada,
sea noche entrada,
su pecho oloroso
está en mis entrañas.
Sube en la grupa
de mis tristezas:
voy con jinete
herido de muerte.

Vemos el fuego

«No te vuelvas a acercar a ella».
(La criada)

A través de las paredes
vemos las viejas,
llenas de ojos
la cabeza y las manos.
Las manos agrietadas
de lavar con esparto,
de tender sábanas blancas
en el secano del patio.

Vemos el fuego
bajo los corazones,
el cinturón que apremia
por reventar el pecho,
la luna que se posa cada noche
en el cubo negro
del agua que acaba
de fregar los suelos.

Los ojos que tan claro ven
el alma tras los vestidos negros.
Lo blanco que anhela
anegarlo todo.
Nos hundiremos todas
en este naufragio
de ríos callados.

Callan los labios,
callan las manos
sujetas al látigo
y al mísero sueldo.
Por un nuevo bocado
vive el secreto,
se pone un alcaide
en puertas y pechos.

Yo fregaré los suelos,
encalaré los muros,
yo enceraré las losas
y brillará la plata.
Sé mi lugar,
miraré callada
ese cielo nublado
de tormenta y de rayos
que caerá sobre el tejado.

Cuando la lluvia moje
los pisos ya encerados
cerraré el portón
con siete candados:
ni el viento de la calle
entrará para salvarnos.

Algo que escapa

> «Que yo no tengo la culpa,
> que la culpa es de la tierra
> y de ese olor que te sale
> de los pechos y las trenzas».
> (El amante)

Yo quise olvidar
y al caballo le puse
una venda.

Sus ojos ciegos miraban
a la sombra de tu puerta.
Y cuando en él me subía
las bridas se me escapaban
y a tu cintura dolida
mi oscuro amor galopaba.

La distancia era nada
entre tu casa y la mía.
La distancia era nada
entre tu boca y la mía.

La culpa es una sirena
con su cola empedernida
que resbala por los cuerpos
ajena a nuestras heridas.

No es tuya ni mía,
no es nuestra su tiranía,

es algo que escapa
al amor y a la vida.

Quise alejarla con su ponzoña
y alejarte a ti con ella
pero tu río y el mío
del mismo cauce se sustentan
y sus aguas mueren juntas
en una playa desierta.

Yo entregaré mi cuerpo
al dolor de ese cuchillo
mientras tus ojos me alumbran
como sombra del destino.

Colcha de rosas

«No puedo oír tu voz.
Es como si me bebiera una botella de anís
y me durmiera en una colcha de rosas. Y me arrastra,
y sé que me ahogo, pero voy detrás».
(La novia)

En la colcha de rosas
yace la novia.
Destila su boca
aroma de anís
bebido lentamente
en cada palabra.
Gira el caballo
alrededor de su enagua,
relincha y da coces
al ver los ojos dormidos.
Los ojos fijos de la novia
mirando las estrellas y la luna
parecen azucenas
con el hielo escarchado.
En el fondo de su pozo
brilla una estela de aguas verdes
que reflejan un deseo aprisionado.
Yace la novia
en el prado amargo.
Probó su cuerpo
el licor de la huida,
la grupa del caballo,
la piedra en la herida

y en la frente jazmines
del dedo señalado.
Su corona de azahar,
de espinas se ha tornado,
de sangre el vestido blanco.
¿Por qué lanzaste el ramo, niña,
qué castigo pediste
tirando al suelo la corona?
Un mal aire te rodea
y aprieta tu cintura
como amapola ceñida
por un viento helado.
Tan dulce la flor,
la camisa de nieve
y tan negro el manto.
¡Despierta, despierta,
sal de tu letargo!
¡Cásate, niña,
con tu pelo largo,
con el primer amor
que te traspasó con su arco!
¡No dejes tus ojos muertos
abiertos al duro espacio!

—Hay que seguir el camino de la sangre.
—Pero sangre que ve la luz se la bebe la tierra.
—¿Y qué? Vale más ser muerto desangrado que vivo con ella podrida.
—Ahora la estará queriendo.
—El cuerpo de ella era para él y el cuerpo de él para ella.
—Los buscan y los matarán.
—Pero ya habrán mezclado sus sangres y serán como dos cántaros vacíos, como dos arroyos secos.

Diálogo de los leñadores. *Bodas de sangre*

Luna sedienta

«¡Dejadme entrar! Vengo helada
por paredes y cristales!
¡Que quiero entrar en un pecho
para poder calentarme!».
(La luna)

Soy cisne, soy cuchillo.
Soy plata, metal cortante,
agua de aljibe y estanque,
reflejo mortal del lago.
Nieve cuajada en camino
donde se hiela el caballo,
luz que admirada descubre
los amores asombrados.

Soy sorpresa en la noche
bajo el manto de las nubes
que aprietan mi garganta
para ocultar mi rostro.
Mis mejillas ávidas
de color rojo,
de besos y carne
que corre abrazada.

Dadme los besos,
los cuerpos desnudos,
yo haré con ellos
collares al alba.
Mi corazón frío y mudo

es duro como las cadenas
que os persiguen en la noche,
como los ojos
que con envidia os miran,
como las manos
portadoras de la ira.

Voy a alumbrar las piedras,
juro que voy a alumbrar las piedras.

La muerte mendiga

«Ilumina el chaleco y aparta los botones,
que después las navajas ya saben el camino».
(La mendiga)

Dadme vuestros hilos,
la fina madeja de vuestra vida.
Quiero coser con ellos
un largo vestido.

Un vestido rojo
que de seda me cubra
mis viejas arrugas,
mis carnes ya vividas.

Dadme dos corazones
que guardaré en mi cofre.
Está el bosque oscuro,
las ramas lúgubres;
hoy canta el río
una canción fúnebre.

Con el vestido cubriré
mi rostro mortal,
mi frío de nieve,
mis labios de metal.

Madeja roja

«Madeja, madeja
¿qué quieres decir?

Amante sin habla.
Novio carmesí.
Por la orilla muda
tendidos los vi».

Con el hilo rojo
por los dedos blancos
devanamos la madeja
mientras cantamos.

No juegues, niña,
con la madeja,
cuida tus dedos
de plata fina.

Pásame, niña,
todo este hilo,
toma la aguja,
enhebra los días;
por el fino cuello
dalias y madreselvas
nacen en el tablero.

Es mi bordado
un paño blanco
en el que nacen

todos los lirios;
no tienen tallos,
no tienen hojas,
solo un hilo de lana
cosiendo tu cintura
a mis enaguas.

¡Ay, este hilo
cómo se rompe,
cómo desgarra
los corazones!

¡Ay, este hilo
parece un río
que resbala
entre las manos
poniendo carmesí y oro
sobre tu espalda!

¡Ay, este hilo!
Purpúreas rosas
sobre Galatea[18]
parece que deshoja,
se enreda en la locura
de mi mantilla
que ya no es negra.

Con este hilo
cobro tu vida,
corto los sueños
de la madeja.

El rito

> «Que apenas cabe en la mano
> pero que penetra frío».
> (El cuchillo)

Yo libero la sangre,
la dejo correr,
abro sus compuertas
para que fluya su río.

Yo hago mi rito
de la doble inmolación.
Yo dejo caer los corazones
en la piedra del sacrificio.

En ofrenda los entrego,
me quedo con su vida,
decídselo así
a la triste familia.

Hilo y aguja para la hembra,
látigo y mula para el varón[19].
Hoy mato yo al varón
para que lloren ellas.

Por las carnes penetro,
angustiadas me miran,
no corre ya
ni un átomo de brisa
en esta ceremonia antigua.

Tengo que hacer camino,
camino interior,
para robar lo mío
y ofrecerlo al sol.

En el centro me quedo,
en el centro me paro,
lanzan un grito telúrico
todos los gitanos.

«Que de noche lo mataron,
al caballero,
la gala de Medina,
la flor de Olmedo».

El caballero de Olmedo. LOPE DE VEGA

«Yo soy la Muerte cierta a todas criaturas
que son y serán en el mundo durante.
Demando y digo: O hombre, ¿por qué curas
de vida tan breve en punto pasante?

pues no hay tan fuerte ni recio gigante
que deste mi arco se puede amparar,
conviene que mueras cuando lo tirar
con esta mi flecha cruel traspasante.

A la danza mortal venid los nacidos
que en el mundo sois de cualquier estado;
el que no quisiere, a fuerza y impelidos
hacer le he venir muy toste parado».

Danzas de la muerte. ANÓNIMO[20]

Desgarro

«¡Ay, qué lamento, qué fuego
me sube por la cabeza!
¡Qué vidrios se me clavan en la lengua!».
(La novia)

Ya se clavaron los vidrios,
ya se desgarró el alma,
ya murió la flor,
la carne de mis entrañas.
Ya no hay lamento posible
en el huracán de la desgracia.

Resignación

«Hace las migas a las tres, cuando el lucero.
No habla nunca; suave como la lana;
borda toda clase de bordados
y puede cortar una maroma con los dientes».
(El padre)

Tú eres espina,
una espina en mi corazón.
No tuve nunca hijos,
solo tú: una espina
que entera se me clavó.

Esta soledad
anclada en el campo,
esta tierra dura
brazos necesitaba,
los de un nieto quisiera,
para trabajarla.
Todo de esta boda, hija,
yo ya me esperaba.

Pero no supe ver el río
que dentro te anegaba,
los ojos que libertad
gritaban.

¡Qué potrilla herida
en la madrugada!

Callada, resignada,
te marcó el destino
y tú lo aceptabas,
mas el rumor del junco
de lejos llamaba.

¡Ay, qué potrilla herida
en la madrugada!

Desesperación

«La desesperación me pica en los ojos
y hasta en las puntas del pelo».
(La madre)

A mi madre, a la que no vi nunca llorar.

No puedo llorar,
no puedo llorar.
Caen vuestras lágrimas
y las hago secar.
Veo vuestros ojos,
los quiero cerrar
porque yo no puedo,
no puedo, aunque quiera,
llorar y llorar.

Se me estanca en el pecho
el agua que no correrá,
el agua que no encuentra
libre su canal.
Se me pudre por dentro,
se hace pozo negro,
se hace lodazal.
Se me agría el rostro,
se agrietan los ojos
como campo yerto
que no puedo regar.

Un nudo me aprieta:
maraña de días y de soledad
que ahoga la garganta
y no puede estallar.
Espero a estar sola,
ya lágrimas saldrán
y en la noche negra
apenas sé rezar.

Duelen estas piedras,
este roquedal:
son mis ojos fijos
de mirto y de cal.
Oigo sus gemidos,
vecinas, callad,
por mucho que intento
ya no sé llorar.

Cruz de ceniza

«Sobre la cama
pon una cruz de ceniza
donde estuvo su almohada».
(La suegra)

Clavaremos las ventanas.
Clavaremos las ventanas.
Hemos tapiado con ladrillos
puertas y ventanas.

El mar llama,
el mar golpea,
la brisa se escapa
y quiere bailar,
rodear mi cintura
a la orilla del mar.
Y me llegan lejanos
los bailes de allá.

Calla, niña, calla,
que he tapiado la ventana.
Échate un velo en la cara.

Mira mis hijos,
quieren jugar,
mojar sus manitas
en la orilla del mar.
Mira la arena,
quiere rozar

los pies pequeñitos
de azúcar y sal.

El viento no entra,
no puede bailar,
cúbrete el cabello
y empieza a rezar.
Hoy tocan a muerto,
el cuerpo traen ya.
Cierra la ventana
y no te oigan llorar.

El rumor de los juncos

«Tu hijo era un poquito de agua
de la que yo esperaba hijos, tierra, salud;
pero el otro era un río oscuro, lleno de ramas,
que acercaba a mí el rumor de sus juncos
y su cantar entre dientes».
(La novia)

Yo soy un campo seco,
soy un seco campo.
Tú eres el junco que trae agua
a mi fuego.

Mi hijo hubiera sido
gotas de agua,
vaso pequeño
para beber despacio
entre bordado y bordado.

En mi casa metida,
en mi casa encerrada,
la tierra traería
pañales y gasas
y un poquito de agua
sería el marido
durmiendo a mi lado.

Pero tú eres un junco
—¡ay, qué junco amargo!—
que canta y silba
siempre a mi costado.

¡Ay, mis oídos!,
es imposible taparlos.
Su rumor se extiende
por plazas y ventanas;
no hay reja gruesa
que disipe su canto.

Soy un campo seco,
soy un seco campo
y un golpe de mar
arrasa mis prados.

Golpe de mar

> «Tu hijo era mi fin y yo no lo he engañado,
> pero el brazo del otro me arrastró
> como un golpe de mar».
> (La novia)

Todo fue un golpe de mar,
un solo golpe que me arrastró
cuando bebí el veneno de su voz.
Por eso ahora no puedo
abrir los ojos.

El mar me cegó,
nubló mi horizonte
de mujer casada,
fiel y callada.

Cortó el mar los hilos
de aquel bordado
que no terminé.
Sus aguas borraron
todo el dibujo
de pájaros y flores.

El mar me tragó,
me llevó a su fondo
de estrellas marinas.
Rompió los besos
y los abrazos, las cadenas
que me prepararon.

En aquella casa
yo tenía que apagar el fuego,
esconder el alma,
amasar el pan,
vigilar la honra,
traer críos al mundo
de mi pecho podrido,
regar en silencio
los geranios de mi huerto.

Pero el río oscuro me arrastró
como una maroma
y por eso ahora
ya no puedo abrir los ojos
ni llorar por tu hijo,
ni por el otro.

Desafío

«Enciende la lumbre.
Vamos a meter las manos.
Tú, por tu hijo; yo, por mi cuerpo.
Las retirarás antes tú».
(La novia)

Os equivocáis:
a mí no me matarán,
aunque por él moriré
encerrada en la casa
con la pena a cuestas.

Os equivocáis:
su sangre bañará
mi vestido de novia,
mi negro cabello
y volveré a la casa
con mi honor sereno.

No mezclaré su sangre
con la mía intacta,
nadie se reflejará
en mis blancos pechos.
Niña volveré
a guardar mi celo.

Virgen, novia y mártir
lloraré el secreto.
Pero dos cántaros vacíos

serán ahora mis senos
y mi vida entera
un arroyo seco.

Sin palabras

«Estas manos que son tuyas,
pero que al verte quisieran
quebrar las ramas azules
y el murmullo de tus venas».
(La novia)

Háblame con el silencio
de las manos.
Solo este ya entiendo
en el filo de la noche.

Es el silencio lo que puede
aceptar mi cuerpo.
Después de haber sido
maltratado con palabras.

Tus manos
no se equivocarán
si son suaves
y traen palomas
envueltas en las palmas.

Si son discretas,
amorosas y calladas,
si no rasgan los sonidos
de la madrugada.

Solo así háblame:
con el lenguaje

que no oculta nada,
el del árbol, el del río,
el de la brisa temprana.

Tú y yo no nos amamos
ya con palabras.

Viudas

«Hoy viuda y sola
y ayer por casar».
LUIS DE GÓNGORA

A mi madre, que siempre se mantuvo
en una viudez inacabable.

¡Cuántas viudas tiene el campo!
¿Van todas en procesión?

¿Tendrá fin este luto
que anega los sembrados,
vuelve oscuro el cielo,
deja mudo el espanto?
¿Tendrá fin este llanto?

¡Cuántas viudas tiene el campo!

Ya no se ve ni el verdor,
ni su piel blanca en racimo,
ni las enaguas que ocultan
la blandura de los pechos.
Cuándo acaba abajo el mar.
¿Tiene rotas las compuertas?
Cuándo lo liberarán.

Ciega el negro de estas tierras,
de estas cárceles de coral.
Un mar de luto separa

el agua del cenagal.
¿Tendrá fin este llanto?

¡Cuántas viudas tiene el campo!

IV

AQUEL RAMO

YERMA

¡Ay, qué prado de pena!
¡Ay, pechos ciegos bajo mi vestido!
¡Ay, palomas sin ojos ni blancura!
¡Ay, qué dolor de sangre prisionera
me está clavando avispas en la nuca!

Aquel ramo

«Una maldición.
Un charco de veneno sobre las espigas».

Amarga adelfa,
naranjo amargo,
azahar blanco,
blanco silencio.

¿Quién puso silencio
a mi blanca boca?

Áspero tomillo
de un lejano sueño.

¿Quién puso aliño agrio
en mi blanco pecho?

Comí las rosas de tu deseo
y eran adelfas de tu veneno.

En las orillas, en los arroyos,
junté aquel ramo
que un alcaide puso
junto a mis labios.

Doliéndome niños

«Quiero beber agua
y no hay vaso ni agua,
quiero subir al monte
y no tengo pies,
quiero bordar mis enaguas
y no encuentro los hilos».
(Yerma)

El hijo muerto,
la hija deseada:
dos ramas cortadas
en un mismo bosque[21].
Plenitud no alcanzada,
nana imposible de cantar.
¿Con qué mantilla
arroparé tu cuerpo
y el mío juntos
en el deseo?
¿Con qué bordado
coseré tu vida a la mía?
Si eres sueño,
agua furtiva
en la que nunca
podré bañarme.
Álzame en tu cuerpo
pequeño para mis pechos
que forman un río
donde alimentarte,
un río que anhelante

te busca
con sus aguas desesperadas
que se cierran en lo oscuro.
De día río,
laguna de noche
y en mi interior
estanque que espera
ser removido
por tus manos
aún inexistentes.
Tus manos calientes
que pudieron sujetar las mías,
aferrarlas a esta vida
que se escapa en mi quimera.

Doliéndome niños.

Mi sombra

«Te diré, niño mío, que sí,
tronchada y rota soy para ti».
(El niño)

Madre, cántame una nana
y duérmeme en tu pecho.
Borda mis cintas y mis encajes.
Una hoja grande
tapa mi sombra
que se proyecta bajo tu alcoba.

En el arroyo lava mi risa,
dulce sueño de tu alegría.
No te envenene la triste espera,
son tus pechos dulce madeja.
Yo seré el vaso para tu pena.

Nana

«Dormir al niño que no tiene sueño...».

Duérmete, mi niño,
que tengo quehacer,
lavarte la ropa,
ponerme a coser.

Cinco lobitos
tiene la loba,
cinco lobitos
detrás de la escoba.

Duérmete, amor mío,
que tengo quehacer,
plancharte las sábanas,
ponerme a tender.
Cuenta los deditos
mientras vuelvo otra vez.

Duérmete, cariño,
ya he cerrado la ventana
y en el alféizar las plantas
cierran sus ramas.
El mar está tranquilo,
sus aguas descansan
y a lo lejos los veleros
despliegan sus velas blancas.

Por ese mar de sueño
mi amor va como una garza
protegiendo tus desvelos,
tu piel tierna y clara.
Ya las avecillas
acurrucaditas bajo sus alitas
duermen hasta el nuevo día.

Duérmete, clavel,
ya pronto vendrá
el amanecer.

Dame la luna

Madre, dame la luna,
¡mira qué redonda y llena
danza por el cielo!
Madre, dame la luna,
su blancura me parece
un enorme cisne
que en las aguas se baña,
un caballito alado
al que quiero subirme;
si me la traes, madre,
prometo dormirme.

Niño, la luna no puedo
traer en mis manos.
¿No ves qué contenta
en su noche baila?
¿No ves qué vestido
con cola de plata
luce en esta fiesta
de luceros y estrellas?

Madre, si ella me mira
con sus ojos brillantes
una espina me clava
en mi corazoncillo errante.

Niño, la luna no puedo
en mis manos traerte.
Pídeme otra cosa
y podré complacerte.

Otra cosa no quiero,
solo sus ojos,
su cuerpo y su alma,
yo haré con ellos
un traje invisible
con el que atravesar
la tela del sueño.

Niño, toma mis besos,
otra cosa no puedo.

«Cantan los niños
en la noche quieta:
¡arroyo claro,
fuente serena!

¿Quién te enseñó el camino
de los poetas?
La fuente y el arroyo
de la canción añeja».

Balada de la placeta

Cancioncilla del niño que no nació

¡Me habéis dejado sobre una flor
de oscuros sollozos de agua!

El llanto que aprendí
se pondrá viejecito,
arrastrando su cola
de suspiros y lágrimas.

Sin brazos, ¿cómo empujo
la puerta de la Luz?
Sirvieron a otro niño
de remos en su barca.

Yo dormía tranquilo.
¿Quién taladró mi sueño?
Mi madre tiene ya
la cabellera blanca.

¡Me habéis dejado sobre una flor
de oscuros sollozos de agua!

Suites

Las lavanderas

«La que quiera honra, que la gane».

En el arroyo claro
ropa lavamos,
en el arroyo frío
también entre dientes
maldecimos.
Hablamos de vidas
que no nos conciernen,
somos malas lenguas
que en el agua se ciernen.

Lavamos, lavamos
mientras los trapos sucios
de todas ventilamos.
Somos del pueblo
los ojos malditos
que entran en casas,
incluso en las camas
y en las alacenas.

Así controlamos
todos los deseos,
si entras o sales,
si comes o duermes,
si vas con marido
o con otro duermes.

Centinelas del río,
guardianas de los montes,
espías de la noche,
dentro observamos
todos los corazones.

Las cuñadas

> «Ésa no viene… Una de vosotras debía salir con ella,
> porque para eso estáis aquí
> comiendo en mi mantel y bebiendo mi vino».

Vigilantes sin ojos y sin alma.
Vuestro vientre vacío
me mira con pena.
Sois cipreses heridos
en un cementerio,
ni besos, ni abrazos,
ni pechos henchidos,
ni crías ni ríos,
solo pozos hundidos.
Vigiláis mis entrañas
como buen carcelero,
guardianes de honra,
de todo deseo.
¿Por qué matáis la avecilla
que me cantaba al albor?
Los trigos están en caña,
todos los campos en flor,
las fuentes dan su agua
y a mí me queréis mustia y rota
en esta cárcel de amor.
Habéis traído soldados
que miran siempre de pie,
la muerte cercando el prado,
que alrededor de la mesa
juzgan lo que como y pienso,

lo que digo y trago.
A dónde voy,
de dónde vengo,
qué anhelos corren
por mi cuerpo yermo.
Sois como pájaros
con mantos negros
que aletean tras mi sombra ausente.
No pongáis vasos en la humilde mesa,
cántaros vacíos son mis pechos
y vuestra agua amargo veneno.
Guardad vuestros ojos,
tan descompuestos:
las mujeres dentro de sus casas
cuando las casas no son tumbas.

Dadme un minuto

Dejadme sola un rato,
un minuto, un segundo,
ni para acudir al retrete
me abandonáis como sombra
cosida a mi cuerpo.

Certificad que soy virgen,
vigilad mis besos y mis abrazos,
la sangre del lecho.
Y luego...
dejadme contemplar al pájaro
que se ha posado hoy en mi ventana.

Un rato solo,
un minuto, un segundo,
para saber que soy mujer,
ser entero y completo,
solitario.

Certificad que he parido,
ante notario firmadlo,
que he dado un hijo
varón y sano.
Y luego...
dejadme a solas abrazarlo,
que sea solo mío,
el dolor, el desgarro,
el amor de contemplarlo.

Ved cuánto como,
dónde, cómo, cuándo
y dejadme digerir un rato,
un minuto, un segundo,
este alimento que entra
en un pozo anegado.

Dejadme dormir un sueño
un minuto, un segundo,
donde no estoy en la huerta
ni en la alcoba, ni en el patio,
sino corriendo libremente
de la mano de mi amado.

Deseo

> «Marchita, marchita, pero segura.
> Ahora sí que lo sé de cierto. Y sola.
> Con el cuerpo seco para siempre».

Esa flor pasó por mi vida
y ya ha perdido su aroma.
Trato de guardarla
para que no me apremie
con sus prisas
y me deje vivir,
vivir sin deseo.

Ya sin deseo de ser de nadie,
ni de mí misma siquiera.
Ya sin deseo de atrapar
lo que se perdió
en las noches vividas.

Sin deseo, como bosque,
como piedra, como luna,
luna de un mudo deseo.

Desprendida

«Lo mío es dolor que ya no está en las carnes».

Desprendida por fin
de las cadenas
del amor, del rencor,
del juicio,
de los pájaros negros,
alza el vuelo
y en su corazón
alcanza la mirada;
la lava de los días de luz
que se derrama
a sus espaldas
mientras detrás
ruge fiero el volcán.

Desprendida de todo,
con los brazos al aire,
como agua que corre
a encontrar su cauce,
como anillo que al fin
se libera del dedo.

Desprendida sí:
desprendida la hiedra,
desprendida la lluvia,
desprendida la arena.

Desprendida sí:
prendida a su cuerpo.

V

VESTIDO VERDE

LA CASA DE BERNARDA ALBA

Haceros cuenta que hemos
tapiado puertas y ventanas.

El día que elegimos

El día que elegimos
para encontrarnos
fue un hermoso día florido
de un lejano marzo.

Caían las acacias,
dormían las azucenas,
hacia ti se acercaba
una muchacha morena.

Tenía en la piel
batallas perdidas
antes de ir a ninguna guerra.
Llevaba en los ojos
el color del otoño,
timideces antiguas.

Sin haber amado nunca,
sin saber cómo hacerlo,
se metió en tus pestañas,
suavizó tus eneros.

El día que elegimos
aún no caía el frío,
su cuerpo no estaba
para el hielo hecho,
porque aún era un día
para cruzar los caminos,
un día hermoso
de rosas y vino.

Mi voz

Mi voz *regó la duna*
de tu pecho[22]
cuando supiste que yo sería Adela.
Que tendría que probar tu boca,
ahogarme en tus besos,
vernos entre rejas,
en el corral morir.

Mi voz regó tu vida
antes que mis ojos
o mis manos.
Fue ella la que se adelantó
saliendo de mí
y cavó un túnel en tu alma.

Entró suavemente,
apenas perceptible,
transparente y pura
como mis años,
tan sigilosa
para revelar el amor,
encender la vela,
despertar a la noche,
voz de dulce muchacha
a la que querían poner
cadenas.

Entró y se quedó,
hizo su casa, sus telas,
su morada.

¡Súbela al caballo
y galopemos juntos!,
no quiero saber
qué silencio a mi voz le depara
el abismo del futuro.

El vestido verde

«Verde, que te quiero verde».
ROMANCERO GITANO

Adela, yo quiero que lleves
el vestido verde.
Que de verde te pongas la piel
y la cintura. Que de verde
te vistas el cuello y el pelo.
Que las flores de tu ramo
sean rojas y rojo tu pecho.

Y en el corral de tu deseo
cumplas tu libertad
como potro libre de su tormento.
Quiero que de novia vistas
el verde de tu velo
con el vestido que no pudiste
ceñir a tu cuerpo.

Porque son verdes las palabras
con las que te liberas,
porque tu muerte es la de todas
y es lamento tu vestido negro.
Porque duele no verte
con el verde puesto,
ver el negro traje de tu sepultura,
flor tierna, carne tierna
y ya toda tan de negro.

Adela, vístete tu vestido,
no aprendas a respetar el luto,
nunca lo tiñas de negro
y la corona de espinas
no rodee tu cabello.

Mírate en el espejo,
el río que llevas dentro
que se refleja
en las aguas de tus anhelos.

Vístete de esperanza
para el retrato,
el que para siempre impreso
quedará en mi recuerdo.

El abanico

«Dame uno negro
y aprende a respetar el luto de tu padre».

Ese abanico florido,
con flores rojas y verdes,
son las cinco hijas que sufren:
rosa, nardo, azucena, clavel y lirio.
Cinco llagas, cinco espadas,
cinco vientres doloridos.
Dibujadas como flores
en el alegre abanico.

Es la alegría pintada
como si fuera la piel
que se despliega y quiere
reír al sol,
la brisa de primavera
que entra en los pechos
para respirar profundo,
la vida de los campos
donde cantan los segadores.

Es el trigo y el prado,
el cielo y las nubes,
el río que canta
y acaricia las orillas
donde las mujeres lavan la ropa
de sus hijos y maridos.

Ellas quieren vivir,
casarse, tener hijos,
un muchacho que bajo la luna
acaricie sus cabellos.
Pero la madre lanza el abanico,
rompe las flores, corta los tallos,
cierra las puertas,
no deja entrar el viento de la calle.

Ahí donde muere el viento
somos todas las que morimos.

Bordar

«Mientras,
podéis empezar a bordaros el ajuar.
En el arca tengo veinte piezas de hilo
con el que podréis cortar
sábanas y embozos».

No sé bordar, madre,
yo no sé bordar.
Sí que sé besar,
sí que sé cantar,
pero no sé bordar.

Mi abuela bordaba
y ciega se quedó,
mi abuela bordaba,
¡tan poco ganó!

Que se curva la espalda,
que se pierde la vista,
que se cosen las sábanas
que no se utilizan,
que se zurcen manteles
cuando no hay comida,
que se bordan encajes
cuando no vienen crías.

No sé bordar, madre,
si acaso reír,
no sé bordar, madre,

si acaso abrazar,
besar a mi novio,
salir a bailar.

El odio

«Sangre en las manos tengo de fregarlo todo».

(La criada)

Jabón y bayeta,
sábanas sucias,
sobras de comidas,
días y noches en vela:
odio que corre
por todas las venas.

Maldigo los suelos,
escupo en las puertas
porque a tu cuerpo
lanzaría cadenas.

Ponme la cara,
ponme las manos
y el río anegará
los días que te quedan.

Pero yo callo,
callo mientras limpio
suelos, vidrios, alacenas,
yo callo:
fluye por las venas.

Buena perra

«¡Mal dolor de clavo le pinche en los ojos!».
(Poncia)

Soy buena perra,
ladro cuando me lo dice,
muerdo a quien a la puerta
se acerca,
como de sus sobras,
duermo tras el portón.

Oigo a las vecinas,
aguzando mi oído
en la noche profunda.
Si me azuza, muerdo…
muerdo con mordiscos
de odio profundo,
en mis ojos un destello
brilla en su fondo.

He cogido en el pozo
el agua de todos los días
que ha pasado conmigo
mirándome desde arriba,
desde el suelo aúllo.

Tirana, enemiga,
yo soy buena perra,
ladro si me azuzas
pero muerdo como hiena.

Treinta años te sirvo
en esta triste celda
donde guardas la honra
para tu descendencia.

Daré a mis crías
lo poco que me queda:
la única herencia de mis manos
y un hoyo en la tierra.

Este cristal tiene unas motas:
son los suspiros que se escapan
de mi lengua.

El segador

«Me gustaría segar para ir y venir.
Así se olvida lo que nos muerde».
(Adela)

El segador pide rosas,
rosas no tenemos.

Abrir puertas y ventanas,
yo quiero mirar el cielo,
salir a segar,
tumbarme en el heno.

Yo quiero dejar suelto
mi tierno cabello.
Quiero que la lluvia
anegue mi cuerpo,
flotar en el mar,
salir de este infierno.

El segador pide rosas,
rosas no tenemos.

Yo quiero doblar
mi talle florido,
con las amapolas
hacerme un vestido
y en las espigas
dejar mi cuidado,
pronto vendrá
a verme mi amado.

Retrato

> «Me han cogido el retrato de mi novio».
>
> (Angustias)

Entre las sábanas de la cama
está el retrato.
Debía estar en otra cama.
Bajo la almohada
de otra cama
de otra hermana.

Bajo el mar de espuma
arden los deseos,
los inventados, los anhelados,
y cubren de fantasía
las negras profundidades,
en los fuegos de otros pechos
que consumen
las blancas carnes.

Bajo el mar negro
tiembla la blancura
sujetada al racimo
de las uvas y el vino.

Revienta en el pecho
por hacerse tormenta,
mar bravío, abrir las compuertas,
salir a la superficie,
hundir el navío.

En un pueblo sin mar
son las camas las balsas de agua
donde se ahoga el pecho;
es la imagen el pasaje
de un barco que las lleva lejos.

Ellas tienen el retrato,
tú tienes su cuerpo.

Todo mío

«¡No os hagáis ilusiones
de que vais a poder conmigo!
¡Hasta que salga de esta casa
con los pies adelante,
mandaré en lo mío y en lo vuestro!».
(Bernarda)

En lo mío...
en lo vuestro...
en todo mandaré.

Todo es mío,
el orgullo, el desprecio,
el poder, esta vara de mando
que golpeo en la pared.

Tan mío todo,
todo mío,
que ya no puedo ver
en el corazón de mis hijas
y a la menor la voy para siempre
a perder.

También es mía su muerte,
su deseo, este cuerpo
que ahora velo
y que no sé cómo pudo,
tan distinto,
estar dentro de mi ser.

Enemiga

«Una hija que desobedece deja de ser hija
para convertirse en enemiga».
(Bernarda)

No quise desobedecerla, madre.
Quise abrazar el amor en la orilla,
en la orilla de un río amarillo
con paredes de espigas.

No quise desobedecerla, madre.
Yo no quería herir.
Era la vida lo que a mi puerta llamaba
como ese caballo que daba coces
en la noche cuando salía la luna.

La luna vino a buscarme, madre,
tan blanca como las manos
que estrecharon mi cintura,
mi cintura de nardos caídos
tronchados en la tormenta.

No quise ser enemiga, madre.
Fue usted quien declaró esta absurda guerra,
fue usted quien salió a por la escopeta
en esta lucha que nunca quise,
porque yo era una paloma frágil
que buscaba una alta baranda
donde poner su nido.

Pero yo ya estaba muerta, madre.
Eso usted no lo sabía.

Este fuego

«Amor de mis entrañas, viva muerte».
Sonetos del amor oscuro
(Adela)

Este calor que sube como fuego
por muros y paredes,
que sale de la tierra,
que cae como plomo en la casa,
es el fuego que sube lentamente a mis sienes
y que en el corazón estalla.

Este calor no es algo que se apague
con rezos y con sábanas,
no es algo que se extinga
con látigos o con varas.

Es calor que en mi cuerpo
ha hecho su morada
para que no se me pongan
frías mis carnes blancas.

Es calor que incendia
puertas y ventanas,
¡dejad el balcón abierto
para mi corazón en llamas!

Otro deseo no quiero
para mi cuerpo en llagas,
solo la noche oscura
que hacia él me guiaba.

Vuelo

«Me pondré delante de todos la corona de espinas».

(Adela)

La muerte te pertenece,
te ha dado alas,
te ha hecho pájaro
en la madrugada.

La muerte te pertenece,
te ha hecho agua
que corre ya feliz
regando los campos
en la alborada.

La muerte te pertenece,
te ha hecho tierra,
arrastrando contigo
lo que en tu vientre llevabas.

La muerte es tuya,
como fue la vida,
presa y condenada
a remar en la orilla.

Has abierto las puertas
y las entrañas,
corre el aire verde
por la ventana.

Doncella

«La muerte hay que mirarla cara a cara».
(Bernarda)

No quiero llantos.
Mira a la muerte,
pon tu cara frente a la suya,
abre los ojos,
atrévete a mirarla.

Te helará la sangre,
arrojarás el bordado,
pisarás las sábanas,
volcarás la fruta,
solo de mirarla.

Es la tuya la que te mira,
la de tus hermanas.
Ella rociará ceniza
en tus carnes blancas.
No podrás fijamente mirarla
y después mirar los pájaros
que hay tras la ventana.
Ella callará tu boca,
tus ojos y tu alma.

Tan vacía la noche,
tan sola la noche
y no puede haber ya llantos
en esta pobre casa.

No lloro,
yo no sé llorarla
y no quiero que lloréis por mí
la hija de mis entrañas.

Ella corrió al río
y el agua vino
para ahogarla.
Ella era flor de lirio,
murió virgen en la madrugada.
No quiero llantos,
yo no sé llorarla.
Era mi hija
y no puedo llorarla.

Corre una estrella
antes del alba,
vestidla de doncella,
nadie diga nada,
suenen las campanas
y no quiero llantos,
no puedo llorarla.

A la orilla del mar

«¡A casarme a la orilla del mar,
a la orilla del mar!».

La boda y el mar.
¿Por qué no celebraste, niña,
tu boda en el mar?

Esta tierra es tan seca
que todo lo traga,
que quiere regarse
con las lágrimas de casa.
No tenía agua, no tenía ríos,
secó los deseos
y todos los cuerpos.

Tan yerma y tan sola,
tan lejana y triste,
tan lejos del mar
te quisiste casar.
Hoy zarpa el velero
de todos los sueños.

Las olas te miran
en la lejanía,
la espuma es vestido
de mustio azahar,
un niño sonríe
con risa de coral.

¿Por qué me casé
tan lejos del mar?

Mar de silencio

«Nos hundiremos todas en un mar de luto».
(Bernarda)

¡Silencio!
¡Silencio!

Así acaba, tremenda, la obra.
Así se cierra el telón de la vida.
Así queda el grito ahogado
en el cuerpo del que mira.
La obra de una madre que silencia,
de un país que silencia.
Al gemido, al lamento: silencio.
Dolor, muerte y silencio
como alimento.
Las lágrimas al mar
con hiel tragadas, secadas a fuego.
El amor, paloma encadenada,
amordazada, secuestrada
en el odio del silencio,
del muro más negro.
El deseo rojo y verde, torturado
en la joven piel de una gacela.
El vestido en la hoguera arrojado,
abrasado por la fiera intransigencia.
Beber miel amarga
en vez de sangre en las venas.
Rozar cadenas

en vez de caricias de arena.
Y oír el silencio,
solo el silencio.
Que siega los días,
seca las almas.
En el horizonte el mar de luto
donde todas moriremos,
mar que pudo ser azul, sereno,
de luna, pasión y deseo.
Donde todas moriremos.
La madre, las hijas, la casa,
mis hijos, tus hijas, tu casa.

¡Silencio!
¡Silencio!

VI

TU SEPULTURA

¡Si muero,
dejad el balcón abierto!

Este mar Costa Brava[23]

Allí llenarías tus pulmones,
allí ensancharías horizontes.
Te entraría por las venas
la sal del Mediterráneo
y la brisa sería tu viento verde,
ahora azul y marino.

Te llevarías también algunas olas
envueltas en tus versos.
Allí contemplaste las retamas, los olivos
y te llegó al corazón su agua salada,
su costa y sus contornos
que envolviste con palabras
para llevarte a tu amada Granada.

Y le enviabas a madre
noticias de su cielo,
de su tierra y sus caminos,
de sus pinos y rocas.

Allí, allí pudiste respirar
ese aire que es tuyo y mío,
porque así lo sentiste y lo era,
tan tuyo y mío, tan nuestro,
que ojalá hoy todavía
ensanchase de nuevo
tus pulmones.

Así miro hoy este mar
atrapando tu cielo.

Granada, una sirena

«Solamente por oír
la campana de la Vela,
te puse una corona de verbena.
Granada era una luna
ahogada entre las yedras».
«Gacela IV del amor que no se deja ver»
Diván del Tamarit

Yo soy Granada y te reclamo,
te llamo para que vuelvas
porque de mí no puedes,
aunque quieras,
desprenderte.

Yo soy Granada y te llamo,
por el mar te envío mi dulce carta
aunque nos separen calles y aguas.

Yo soy sirena que al vuelo
lanzo mi cabello
para apresarte en mis nudos,
enredarte en mi cuello.
Y por el río vierto mi música callada,
mi rumor silencioso,
para llamarte,
para susurrarte la letanía del regreso.

A mí volverás
porque no hay barco ni puentes

que de mí te separen,
porque he visto tus ojos de niño
creciendo sorprendido
y el clamor de tus andares
que hacia mí te llevan.

Porque en mi piel pusiste
todas las letras: el fuego,
los besos, la sangre.
Porque sellaste un pacto
de amor inquebrantable.

Y a mí volverás
cuando en sueños me veas
lentamente en líneas dibujarte,
desearte, consolarte,
de lejos amarte.
En las altas barandas subida,
empinada en las altas
barandas de la vida,
en las altas soñarte.

Volverás a oír mi canto
de sirena en la noche,
el clamor de mi campana al aire
y cruzarás los mares
para en la verja esperarme.

Te abriré la puerta
de mi cuerpo amoroso,
de mi alma amurallada,

te lanzaré sigilosa
las trenzas del destino
que te sube a mis brazos
y te hunde en un eterno silencio.

Granada,
corazón malherido
por cinco espadas[24].

Una dalia

«¿No viste por el aire transparente
una dalia de penas y alegrías
que te mandó mi corazón caliente?».
SONETOS DEL AMOR OSCURO

No vi cómo tu corazón se quedó atrapado
y el mar dejó de moverse.

No oí tu corazón aún caliente,
ni me llegó el perfume de las dalias,
ni tus penas y alegrías
tronchadas como tallos de azucenas.

Y si hubiera oído tus latidos,
si hubiera olido el aroma,
¿cómo detener el aire?,
¿cómo detener la madrugada,
el tiempo, los días, las desgracias?,
¿cómo conservar tus versos
intactos, puros,
mientras la amapola se desangra?

Por dónde se escapa

«Esta caravana de la vida fluye con extrañeza.
Vive alerta, porque la alegría se escapa».
Rubaiyat. OMAR JAYYAM

¿Por dónde se escapa
la alegría, poeta?
¿Te la robaron?
¿Te la arrebataron?

Tuya era la pena,
como tu boca y tus labios.
Tuyo el amor,
soneto anclado
en la baranda de tu pecho.

Tuya la música
y el verso,
la ciudad
y las calles.

Y toda el agua
de tu pueblo,
roca sobre ríos.

Tuya también la alegría,
las flores, los ruiseñores,
aquel pájaro pequeño
que de niño se posó
en tu ventana.

La hormiga diminuta,
el caracol aventurero,
la frágil mariposa,
las abejas y las rosas,
¡tan etéreas en tu piel!

¿Por dónde se escapa
la alegría, poeta?
Dime por dónde.

Los cuatro elementos

Que te llevaste los colores
he dejado dicho.
Acaso te llevaste los cuatro elementos:
agua, viento, tierra, fuego.

El agua del mar,
el agua del pozo,
el agua del río,
de estanques y aljibes,
el agua de oro.

El viento de las gacelas
y de las tristes casidas,
el verde viento del campo,
el viento enamorado,
enajenado, que muerde
aprisionado en las puertas.

La tierra de las raíces
y de la amarga pena,
la que oculta los cuerpos,
la que en soledad despierta.

El fuego de las entrañas,
las llagas y las heridas,
el fuego que abrasa almas
y duerme por las aristas.

¿Que te llevaste los colores
he dejado dicho?
Te llevaste los cuatro elementos:
agua, viento, tierra, fuego.

Ciera el diván

Cierra otra vez el diván
para que no huyan tus versos
y en el Tamarit escribe
nuevos versos en el cielo.

La hierba cubre en silencio
el valle gris de tu cuerpo[25].

El diván del agua

Deja que me acueste
en el diván del agua,
el que no tiene sillas ni salas,
solo un centro frío de escamas.

Desnuda en mi roca,
en mi diván sonoro,
te cantaré con llanto,
sirena de oro.

Tus manos no escriben,
tu boca no canta,
mudo y atado
con la vela del barco
espantan tus versos
de oídos tapados.

Deja que te cante,
sirena de agua,
y en el diván cuente
las perlas de tus palabras,
las escritas, las pronunciadas,
las que mueren bajo el agua.

Las grullas te vengarán

Íbico, músico y poeta[26],
las grullas te vengarán,
delatarán el crimen
y antes de que emigren
a la llama ardiente del desierto
gritarán en el cielo
sobre el duro escenario.

Antes de los aplausos,
del final de la obra,
te anunciarán sus gritos
y un coro trágico
perseguirá el delito.

De corazón alegre,
al son de la lira,
cargado de música y palabras,
con el bien amasado en las manos,
con la vida clavada en el alma,
regresabas a Corinto-Granada,
a la vega añorada,
al bosque perdido
del que no saldrías vivo.

Sin armas, sin cuchillos,
sin ojos de plata,
—solo armado con tus palabras—
divisabas a lo lejos
las altas torres de Granada.

¡Ay, salteadores no esperabas!
¡Ay, ladrones no esperabas!

Y creo que tú...
también miraste desde el suelo
—cuerpo vencido y derribado—
el vuelo veloz de las aves.

Aynadamar[27]

Ay, somos las lavanderas
y aquí hemos venido a lavar
la ropa de nuestros hombres,
las heridas en el manantial.

Pero llorando está la fuente,
sus burbujas estallan
y en el jabón se dibujan
sus pequeñas lágrimas.

Ay, somos las lavanderas
y en los barreños
el ojo del agua
ve solo un mal sueño,
el sueño de muerte
que han dejado en sus piedras.

¡Ay, Fuente Grande!
¡Ay, pena honda!
No podemos lavar
nuestra humilde ropa
mientras la fuente llora.

¿Dónde está tu sepultura?

«Por las ramas del laurel
vi dos palomas oscuras.
"Vecinitas", les dije,
"¿dónde está mi sepultura?"».
«Casida IX de las palomas oscuras».
Diván del Tamarit

Yo soy una paloma blanca
que voló sobre tus versos.
Se derramaron por mi cuerpo
como agua y sangre,
fueron espina y terciopelo.

Tus versos desgarraron
las alas de mi vuelo,
volaron rotas sobre tus poemas
malheridos.

Yo fui una paloma blanca,
pero ahora
mi cuerpo es negro
como la noche oscura
y como oscuro el deseo.

Soy tan negra que en la noche
ya ni mi cuerpo veo
y mis ojos apagados
ya no ven ni mi pecho.

Fui paloma contigo,
muchacha de suaves eneros
y de primaveras locas
naciendo con un pico nuevo.
Ahora a ninguna veo.

Soy paloma que sobrevuela
la ausencia de tu sepultura,
el rastro perdido de tu cuerpo.
Sobrevuelo y sobrevuelo
condenada a no posarme nunca
en tu querido cuerpo.

«Así la miel del hombre es la poesía
que mana de su pecho dolorido,
de un panal con la cera del recuerdo
formado por la abeja de lo íntimo».

«El canto de la miel». *Libro de poemas*

«Quiero llorar porque me da la gana,
como lloran los niños del último banco,
porque no soy un hombre, ni un poeta, ni una hoja,
pero sí un pulso herido que ronda las cosas del otro lado».

Poeta en Nueva York

«He cerrado mi balcón
porque no quiero oír el llanto,
pero por detrás de los grises muros
no se oye otra cosa que el llanto».

«Casida del llanto»

«Cuando se hundieron las formas puras
bajo el cri cri de las margaritas,
comprendí que me habían asesinado.
Ya no me encontraron.
¿No me encontraron?
No. No me encontraron».

Poeta en Nueva York

«Quiero dormir un rato,
un rato, un minuto, un siglo,
pero que todos sepan que no he muerto».

«Gacela VIII de la muerte oscura»

EPÍLOGO

Este libro es un homenaje a Federico García Lorca, fuente eterna e inagotable de inspiración para todos los poetas. Beber de sus aguas es sumergirse en un mundo que solo puede proporcionar este escritor universal. Cuando vuelves a la superficie ya no eres la misma ni el mundo es igual. Sus aguas te transforman y te conviertes en una perpetua enamorada. Eres ya la novia, la madre, la hija rebelde, la mujer estéril, la viuda, la presa, la soltera, la solitaria... Eres todas y una, pero, sobre todo, eres para siempre lorquiana.

Cuando escribo en mi papel sus versos y la pluma se desliza suave como el agua, no pretendo una mera transcripción. Deseo respirar por un momento en su interior para imaginar qué siente el alma de un poeta, de un auténtico poeta. Quién no ha querido entrar en la casa de un verso de Lorca, dormir con su música, quién no ha anhelado esos versos que el poeta nunca pudo llegar a escribir. De este modo voy fluyendo en sus versos, nacen los míos.

Llenar de palabras, tratar de imaginar qué diría Adela, Bernarda, la Poncia, la criada, la novia, el padre, el novio, doña Rosita, Mariana, Yerma y hasta las lavanderas o las cuñadas, qué poema escribirían. Pero también poner voz al caballo, a la luna, a ese cuchillo que busca su camino. De vivir en esas voces, de imaginar qué sentirían, qué lamento se quedó en su tintero, nacen estos poemas.

Solo nos queda escribir, releer lo escrito, la escritura como algo que permanece por encima de todo, por encima de la locura que supuso su muerte.

Si Lorca hubiera seguido viviendo el mundo de la poesía sería bien distinto. Dar aliento poético a las criaturas que llegó a crear es anhelar que él y ellas sigan viviendo.

Mi corazón reposa junto a la fuente fría.

FEDERICO GARCÍA LORCA

CITAS

1) «¿A qué te gustaba jugar de chico? —A eso que juegan los niños que van a salir "tontos puros", poetas. A decir misas, hacer altares, construir teatritos…». *Treinta y una entrevistas a Federico García Lorca.* Andrés Soria Olmedo. Colección Itineraria, Granada, 2017 (Entrevista a Lorca «Itinerarios jóvenes de España». E. Giménez Caballero, 1 de diciembre de 1928. Publicada en *La Gaceta Literaria*).

2) «A mí ya no me podéis cambiar. Yo he nacido poeta y artista como el que nace cojo, como el que nace ciego, como el que nace guapo. Dejadme las alas en su sitio, que yo os respondo que volaré bien». Carta n.º 28. «Carta de Federico García Lorca a sus padres y hermanos». Madrid, 10 de abril de 1920. Catálogo general de los fondos documentales de la Fundación Federico García Lorca. Granada.

3) Referencia intertextual al verso de Lorca «Bajo el agua están las palabras», perteneciente al poema «Burla de don Pedro a caballo». Romance con lagunas, última laguna del *Romancero gitano*.

4) «Al lado estaba la escuela de niñas y muchas veces cuando en la clase reinaba el silencio por estar todos escribiendo se oían cantar a las niñas con voces muy suaves y finas y entonces toda la habitación se llenaba de cuchicheos y de risitas mal reprimidas». Texto «Mi escuela» extraído de *Mi pueblo y otros textos vegueros*. Barril Barral Editores, Barcelona, 2010.

5) Canción popular que cantábamos las niñas en mi infancia haciendo un gran corro, basada en una triste historia de amor que ocurrió en el siglo XVII en la que el conde de Cabra y la viudita se casan en secreto aunque fuera una unión imposible. Doña Mencía de Ávalos, viuda con dos hijos, se casó con el viudo conde de Cabra en matrimonio desigual por ser de clase inferior. El matrimonio fue anulado y a ella se la mantuvo recluida hasta su muerte en el convento de Alcaudete (Jaén). Él se volvió a casar, no por amor, sino por conveniencia. Esta historia de amor frustrado quedó en la memoria popular y dio lugar a la canción que inspiró a Lorca para escribir su obra dramática *La viudita y el conde de Cabra*.

6) «No puedo estar con los zapatos puestos , en la cama, como suelen hacer los tofos cuando se echan a descansar. En cuanto me miro los pies, me ahoga la sensación de la muerte. Los pies, así, apoyados sobre sus talones, con las plantillas hacia el frente, me hacen recordar a los pies de los muertos que vi cuando niño». *Treinta y una entrevistas a Federico García Lorca*. Andrés Soria Olmedo. Colección Itineraria, Granada, 2017 (Entrevista a Lorca «La vida de García Lorca, poeta». José R. Luna, 1934).

7) Este poema fue compuesto en plena pandemia, cuando oíamos sonidos extraños en la ciudad y hasta los animales circulaban por las carreteras de unas ciudades vacías.

8) Referencia intertextual al verso de Lorca «No me recuerdes el mar», perteneciente al poema «Romance de la pena negra» del *Romancero gitano*.

9) Referencia intertextual al verso de Lorca «Tardará mucho tiempo en nacer, si es que nace, / un andaluz tan claro», perteneciente al poema «Alma ausente» de *Llanto por Ignacio Sánchez Mejías*.

10) «Los inmensos rascacielos se visten de arriba a abajo de anuncios luminosos de colores que cambian y se transforman con un ritmo insospechado y estupendo, chorros de luces azules, verdes, amarillas, rojas, cambian y saltan hasta el cielo. En tres edificios de estos cabe Granada entera. Vosotros estaréis quizá en la huerta oyendo las esquilas del seminario y las lejanas campanas de la catedral. Yo oigo las sirenas y el murmullo de Nueva York». Carta n.º 104 «Carta de Federico García Lorca a sus padres y hermanos». Nueva York, 28 de junio de 1929. Catálogo general de los fondos documentales de la Fundación Federico García Lorca. Catálogo de la correspondencia de Federico García Lorca. Volumen V. Granada.

11) «Ejército de ventanas, donde ni una sola persona tiene tiempo de mirar una nube o dialogar con una de las delicadas brisas que tercamente envía el mar, sin tener jamás respuesta». *Treinta y una entrevistas a Federico García Lorca*. Andrés Soria Olmedo. Colección Itineraria, Granada, 2017 (Entrevista a Lorca «Poema de Nueva York en el cerebro de García Lorca», L. Méndez Domínguez, 1933).

12) Referencia intertextual al verso de Antonio Machado «El pelotón de verdugos / no osó mirarle la cara», perteneciente al poema «El crimen fue en Granada».

13) Referencia intertextual al verso de Vicente Aleixandre «Se querían, sabedlo», perteneciente al poema «Se querían».

14) Referencia intertextual al verso de Calderón la Barca «¿Qué delito cometí contra vosotros naciendo?» perteneciente a su obra dramática *La vida es sueño*. El monólogo de Segismundo acaba estando en la boca de Mariana Pineda a la vez que en la del propio Lorca.

15) Etimológicamente, «Alhambra» en árabe es «al-hamra» («la Roja»), procedente del nombre completo «al-Qal'a al-hamra» («castillo rojo»). El nombre de «roja» le podría venir de cuando se construyó. Se trabajaba de noche, y vista por la noche, desde lejos, debido a la luz de las antorchas, se veía roja. Otros autores defienden que «Alhambra» es simplemente el nombre en femenino de su fundador, Abu al-Ahmar , que en árabe significa «el Rojo», por ser pelirrojo.

16) «La rosa mutábile, flor que por la mañana es roja; más roja al mediodía; a la tarde blanca, y por la noche se deshace. Esta flor es como el símbolo del pensamiento que he querido recoger en doña

Rosita. He aquí la vida de mi doña Rosita. Mansa, sin fruto, sin objeto... cursi. ¿Hasta cuándo seguirán así todas las doñas Rositas de España?». *Treinta y una entrevistas a Federico García Lorca*. Andrés Soria Olmedo. Colección Itineraria, Granada, 2017 (Entrevista a Lorca «Una gran solemnidad teatral en Barcelona estreno de *Doña Rosita la soltera*», Pedro Massa, 1935).

17) «La rosa mudable, encerrada en la melancolía del carmen granadino, ha querido agitarse en su rama al borde del estanque para que la vean las flores de la calle más alegre del mundo. La calle donde viven juntas a la vez las cuatro estaciones del año, la única calle de la tierra que yo desearía que no se acabase nunca, rica en sonidos, abundante de brisas, hermosa de encuentros, antigua de sangre: la Rambla de Barcelona [...] Amigas floristas, os saludo esta noche aquí, como poeta, y os ofrezco, con franco ademán andaluz, esta rosa de pena y palabras: es la granadina Rosita la soltera». A las floristas de la Rambla de Barcelona. Federico García Lorca. *De viva voz. Conferencias y alocuciones*. Penguin Random House. Debolsillo. Barcelona, 2021.

18) Referencia intertextual al verso de Luis de Góngora «purpúreas rosas sobre Galatea», perteneciente a la estrofa XIV de su *Fábula de Polifemo y Galatea*.

19) Referencia intertextual de las palabras del personaje de Bernarda en *La casa de Bernarda Alba*.

20) La danza de la muerte es una representación alegórica muy popular durante la Edad Media consistente en un baile en el que la Muerte, representada como un esqueleto humano, llamaba a personas de distinta clase social para bailar alrededor de una tumba, recordando que los goces terrenales tienen su fin y que todos tenemos que morir. Las danzas macabras eran bailadas y representadas teatralmente en el siglo XIV.

21) Concha Méndez, poeta de la generación de 1927, se casó con el poeta Manuel Altolaguirre en 1932. Vivieron de 1933 a 1935 en Londres, donde perdió el primer hijo que estaba esperando, experiencia que reflejó en su libro *Niño y sombra* publicado en 1936. En 1935, sin embargo, tuvo lugar el feliz nacimiento de su hija Paloma. La poeta dirá en sus versos: «Siempre anduve doliéndome niños. / He vivido de madre en mi sueño / porque a madre de verdad no alcancé».

22) Referencia intertextual al verso de Lorca «Tu voz regó la duna de mi pecho» del poema «El poeta habla por teléfono con el amor» perteneciente al libro *Sonetos del amor oscuro*.

23) «Estoy en Cadaqués pueblecito de Gerona como os dije y una de las maravillas del Mediterráneo. No os podéis imaginar acostumbrados al mar de Málaga este mar "Costa Brava" lleno de ensenadas, de calas y acantilados por los que

asoman inmensos olivares y viñas, rocas color naranja y manchas verdes de pinares... ¡Y qué mar tan precioso mamá!... Haré que se me ensanchen los pulmones por mí y por ti». Carta n.º 70. «Carta de Federico García Lorca a sus padres y hermanos». Cadaqués, 8 de abril de 1925. Catálogo general de los fondos documentales de la Fundación Federico García Lorca. Catálogo de la correspondencia de Federico García Lorca. Volumen V. Granada.

24) Referencia intertextual de los versos de Lorca «¡Oh, guitarra! / Corazón malherido / por cinco espadas» del poema «La guitarra» perteneciente al libro *Poema del cante jondo*.

25) Referencia intertextual de los versos de Lorca «La hierba cubre en silencio / el valle gris de tu cuerpo» del poema «VII Gacela del recuerdo de amor» perteneciente al libro *Sonetos del amor oscuro*.

26) Íbico fue un poeta lírico griego del siglo VI a. C. que mientras estaba en la vecina villa de Corinto fue mortalmente herido por unos ladrones. Mientras yacía moribundo vio a un grupo de grullas a las que invitó a vengar su muerte. Los ladrones, que se habían dirigido al teatro, en un gesto de burla al ver a las grullas gritaron :«¡Observad a los vengadores de Íbico!» , y así ellos mismos dieron la pista para su detención por el crimen cometido. Lorca se convierte aquí en el poeta griego asesinado vilmente.

27) Fuente Grande o «Aynadamar» es un manantial situado en la parte alta de Alfacar, junto al parque García Lorca, donde fue asesinado el poeta. La palabra viene del árabe (aynad-dama 'a) y está compuesta por dos palabras, «ayn» (ojo y, por extensión, fuente o manantial) y «dama'a» (lágrimas), de ahí que se llame también la Fuente de las Lágrimas.

ÍNDICE

III. DESPIERTE LA NOVIA

IV. AQUEL RAMO

Este libro se terminó de editar en Granada
en noviembre de 2025 por

www.aversopoesia.com
hola@aversopoesia.com